职业教育财经类专业教学用书

成本会计核算技能实训手册

(第2版)

丛书主编　何德显

主　　编　潘浩滨　梁　洁　谢碧宇

副 主 编　汤朝铭　方金诚　冯永莲　莫孔军

参　　编　龙先群　古　励　何小妹　陆昊民

陆莹颖　陆彦霖　陈贵南　杨美秋

张秋霞　徐晓燕　潘玉艳

電子工業出版社

Publishing House of Electronics Industry

北京 • BEIJING

内 容 简 介

本书是《成本会计核算实务（第 2 版）》的配套教学用书。本书按照主教材的内容同步设置习题，对学生学习内容进行自我检测和专业技能操作训练，以巩固和提高学生的专业理论和实务操作技能，也是对学生成绩考评的依据之一。

本书可作为职业院校会计专业辅助用书，也可作为各种形式的会计培训用书和广大会计从业人员的自学用书。

本书配有参考答案，以便教师备课和自学者参考，请登录华信教育资源网（www. hxedu. com. cn）下载。

图书在版编目（CIP）数据

成本会计核算技能实训手册 / 潘浩滨，梁洁，谢碧宇主编 . —2 版 . —北京：电子工业出版社，2017. 8

ISBN 978-7-121-32009-5

Ⅰ. ①成… Ⅱ. ①潘… ②梁… ③谢… Ⅲ. ①成本会计-职业教育-教学参考资料 Ⅳ. ①F234. 2

中国版本图书馆 CIP 数据核字（2017）第 144208 号

策划编辑：陈　虹
责任编辑：陈　虹
印　　刷：北京虎彩文化传播有限公司
装　　订：北京虎彩文化传播有限公司
出版发行：电子工业出版社
　　　　　北京市海淀区万寿路 173 信箱　邮编 100036
开　　本：787×1 092　1/16　印张：5. 75　字数：144 千字
版　　次：2014 年 8 月第 1 版
　　　　　2017 年 8 月第 2 版
印　　次：2023 年 8 月第 13 次印刷
定　　价：19. 00 元

凡所购买电子工业出版社图书有缺损问题，请向购买书店调换。若书店售缺，请与本社发行部联系，联系及邮购电话：（010）88254888，88258888。

质量投诉请发邮件至 zlts@ phei. com. cn，盗版侵权举报请发邮件至 dbqq@ phei. com. cn。

本书咨询联系方式：chitty@ phei. com. cn。

前　言

为配合职业院校学生学习“成本会计”这门课程，我们组织编写了本书，与电子工业出版社出版的由潘浩滨、韦锋、罗涛担任主编的《成本会计核算实务（第2版）》一书配套使用。

本书在编写过程中注重知识的系统性和实用性，项目划分与主教材同步，题型包括不定项选择题、判断题、业务核算题和实务操作题，便于学生练习使用。

本书由何德显总纂，潘浩滨、梁洁、谢碧宇担任主编，由汤朝铭、方金诚、冯永莲、莫孔军担任副主编。参加本书编写的人员还有（以姓氏笔画排序）：龙先群、古励、何小妹、陆昊民、陆莹颖、陆彦霖、陈贵南、杨美秋、张秋霞、徐晓燕、潘玉艳。

在编写过程中，我们得到了许多专业教师、职教专家、企业行业专家的指导和帮助，在此无法一一列出，谨向他们表示诚挚的谢意。

为了方便教师教学，本书配有习题答案（电子版），请有需要的教师登录华信教育资源网（www. hxedu. com. cn）免费下载。

由于编写人员水平有限，不妥之处在所难免，敬请读者批评指正。

编　者

目　录

项目一

走进成本会计

一、不定项选择题（下列各小题备选答案中，有一个或两个及以上符合题意的正确答案）

1. 企业支出包括（　　）。

A. 偿债性支出　　B. 资本性支出　　C. 收益性支出　　D. 权益性支出

2. 企业购买无形资产的支出属于（　　）。

A. 偿债性支出　　B. 资本性支出　　C. 收益性支出　　D. 权益性支出

3. 企业购买办公用品的支出属于（　　）。

A. 偿债性支出　　B. 资本性支出　　C. 收益性支出　　D. 权益性支出

4. 企业以银行存款向投资者分配利润属于（　　）。

A. 偿债性支出　　B. 资本性支出　　C. 收益性支出　　D. 权益性支出

5. 小企业的费用包括（　　）。

A. 营业成本　　B. 税金及附加　　C. 期间费用　　D. 营业外支出

6. 期间费用包括（　　）。

A. 营业成本　　B. 销售费用　　C. 管理费用　　D. 财务费用

7. 下列各项目中，属于管理费用的是（　　）。

A. 商品维修费　　B. 广告费　　C. 展览费　　D. 业务招待费

8. 现代成本会计的主要职能可以概括为（　　）。

A. 核算和监督　　B. 计划和监督　　C. 反映和监督　　D. 分析和考核

9. 按现行制度规定，下列项目应该计入成本的有（　　）。

A. 产品生产过程中实际消耗的原材料　　B. 企业管理人员的职工薪酬

C. 车间房屋建筑物的折旧费　　D. 企业捐赠支出

10. 成本项目一般分为直接材料、燃料和动力、直接人工、制造费用。以下属于直接人工费用的是（　　）。

A. 直接生产工人的职工薪酬　　B. 车间管理人员的职工薪酬

C. 产品销售人员的职工薪酬　　D. 企业管理人员的职工薪酬

二、判断题（正确的打“√”，错误的打“×”）

1. 产品成本是指企业为了生产产品而发生的各项生产费用。产品成本可以指一定时期为生产一定数量产品而发生的成本总额，也可以指一定时期生产产品的单位成本。（　　）

2. 费用和成本都是企业支出的一部分。企业支出中的收益性支出都是当期费用。

（　　）

3. 生产费用就是生产成本。（　　）

4. 成本与企业特定会计期间相关，而费用则与企业特定资产或劳务相关。（　　）

5. 从某一个会计期间看，成本不一定等于当期计入费用的营业成本。因此，企业某月发生的生产费用，可能形成当月的资产，也可能形成当月的费用。（　　）

6. 成本会计是会计的一个重要分支，是以成本为对象的一种专业会计。（　　）

7. 产品制造企业的成本会计的对象是企业生产经营过程中发生的产品生产成本和期间费用。因此，成本会计实际上是成本、费用会计。（　　）

8. 常用的产品成本核算方法主要有品种法、分批法和分步法。（　　）

三、分析计算题

某厂2019年8月生产办公桌和课桌各100张；办公桌当月全部完工，并已销售60张；课桌当月全部未完工。该厂8月份发生的相关费用如表1-1所示。

表1-1　2019年8月份费用情况表

金额单位：元

项　　目	办　公　桌	课　　桌	期间费用	合　计
产品领用材料	15 000	6 000		21 000
生产工人工资	3 000	1 500		4 500
生产车间费用	2 000	500		2 500
税金及附加			1 000	1 000
销售费用			1 500	1 500
管理费用			2 000	2 000
财务费用			500	500
合　　计	20 000	8 000	5 000	33 000

【要求】列式计算以下项目。

支出总额=

生产费用=

期末在产品（课桌）成本=

完工产品（办公桌）总成本=

完工产品（办公桌）单位成本=

库存商品（办公桌）成本=

营业成本（已销办公桌成本）=

当月费用=

项目二

品种法

一、不定项选择题（下列各小题备选答案中，有一个或两个及以上符合题意的正确答案）

1. 小企业常用的辅助生产费用分配方法主要有（　　）。

A. 直接分配法　　　　B. 间接分配法

C. 交互分配法　　　　D. 约当产量法

2. 小企业常用的制造费用分配方法主要有（　　）。

A. 交互分配法　　　　B. 人工工时比例法

C. 机器工时比例法　　　　D. 计划分配率法

3. 生产成本在完工产品和在产品之间进行分配，常用的在产品成本核算方法主要有（　　）。

A. 约当产量法　　　　B. 定额比例法

C. 交互分配法　　　　D. 不计在产品成本法

二、判断题（正确的打“√”，错误的打“×”）

1. 品种法主要适用于大量、大批、多步骤产品生产的产品成本计算。（　　）

2. 在品种法下，一般以生产产品的“品种”或“品名规格”作为成本核算对象，分别设置产品成本明细账（或成本计算单），归集和分配各种产品的生产成本。（　　）

3. 辅助生产费用的直接分配法是指在不考虑辅助生产车间之间相互提供产品或劳务的情况下，将各种辅助生产费用按照一定的分配标准直接分配给辅助生产以外的受益部门的一种辅助生产费用分配方法。（　　）

4. 制造费用分配的人工工时比例法是指按照各种产品所耗用的人工工时的比例进行分配制造费用的一种方法。（　　）

5. 完工产品是指完成全部生产过程，符合技术与质量要求，验收入库，具备对外销售条件的产品。（　　）

6. 在产品亦称在制品，是指在企业的生产过程中正处于加工或等待加工的产品。（　　）

三、业务核算题

1. 某工厂5月份生产甲、乙两种产品共同耗用D材料210 600千克，单价2元/千克；材料费用合计421 200元，共生产甲产品80 000件，乙产品60 000件。单位产品材料消耗定额甲、乙产品分别为1.2千克/件和1.1千克/件。

【要求】计算甲、乙两种产品耗用的实际材料费用（定额消耗量比例分配法）。

（1）甲产品材料定额消耗量=

（2）乙产品材料定额消耗量=

（3）材料费用分配率=

（4）甲产品应分配的材料费用=

（5）乙产品应分配的材料费用=

2. 某企业 2019 年 8 月共计支付外购电力费用 200 720 元，按照各部门、车间的电表统计的耗用量及外购电力费用总额编制的外购动力费用分配表如表 2-1 所示。

表 2-1　外购动力费用分配表

编制日期：2019 年 8 月 31 日　　　　金额单位：元

用　　途	耗用量（度）	分　配　率	应分配金额
甲产品	8 400	0.52	51 168.00
乙产品	71 040	0.52	36 940.80
丙产品	103 680	0.52	53 913.60
一车间（一般耗用）	26 400	0.52	13 728.00
二车间（一般耗用）	24 480	0.52	12 729.60
机修车间（一般耗用）	32 400	0.52	16 848.00
供电车间（一般耗用）	8 000	0.52	4 160.00
企业管理部门	21 600	0.52	11 232.00
合　　计	386 000		200 720.00

【要求】根据表 2-1“外购动力费用分配表”编制会计分录。

3. 华为设备制造厂生产甲、乙两种产品，2019 年 8 月共同耗用外购电力 120 000 千瓦·时，单价为 0.50 元，合计金额 60 000 元；甲产品机器工时为 6 000 小时，乙产品机器工时为4 000小时。

【要求】按照机器工时比例分配法计算编制表 2-2 动力费用分配表，并据以编制会计分录。

表 2-2 外购动力费用分配表

编制日期：2019 年 8 月 31 日　　金额单位：元

用　途	机器工时	分　配　率	应分配金额
甲产品			
乙产品			
合　　计			

4. 天鑫制造公司 2019 年 8 月“人工费用汇总表”如表 2-3 所示，该公司设有一个基本生产车间生产甲、乙、丙三种产品，产品生产工人的人工费用采用实际生产工时比例法进行分配，本月甲、乙、丙三种产品的实际生产工时分别为 1 000 小时、1 100 小时和 860 小时。

表 2-3 人工费用汇总表

编制日期：2019 年 8 月 31 日　　金额单位：元

车间或部门		应付工资总额	职工福利费	职工教育经费	社会保险费	住房公积金	工会经费	合　计
基本生产车间	生产工人	25 000	3 500	500	4 500	3 000	500	37 000
	管理人员	5 000	700	100	900	600	100	7 400
辅助生产车间		3 000	420	60	540	360	60	4 440
企业管理部门		9 000	1 260	180	1 620	1 080	180	13 320
销售部门		2 500	350	50	450	300	50	3 700
工程人员		5 500	770	110	990	660	110	8 140
合　计		50 000	7 000	1 000	9 000	6 000	1 000	74 000

【要求】编制表 2-4 直接生产工人人工费用分配表，并根据表 2-3、表 2-4 编制人工费用分配的会计分录。

表 2-4 直接生产工人人工费用分配表

编制日期：2019 年 8 月 31 日　　金额单位：元

产品名称	机器工时	费用分配率	应分配金额
甲产品			
乙产品			
丙产品			
合　计			

5. 某制造公司采用分类折旧率计提折旧，该企业 8 月份应计提折旧的固定资产原值和月折旧率如表 2-5 所示。

表 2-5 固定资产折旧费用计算表

编制日期：2019 年 8 月 31 日　　　　金额单位：元

使用部门	固定资产类别	固定资产原值	月折旧率	月折旧额
基本生产车间	厂房	900 000	0.4%	
	机器设备	500 000	0.8%	
	其他设备	80 000	0.8%	
	小　计	1 480 000		
辅助生产车间	厂房	350 000	0.4%	
	机器设备	250 000	0.8%	
	小　计	600 000		
管理部门	房屋建筑物	750 000	0.4%	
	运输工具	300 000	2.0%	
	小　计	1 050 000		
销售机构	房屋建筑物	600 000	0.4%	
	运输工具	200 000	2.0%	
	小　计	800 000		
合　计				

【要求】计算编制完成表 2-5“固定资产折旧费用计算表”，并据以编制会计分录。

6. 某工业企业1月份生产甲、乙两种产品，共同耗用A原材料，耗用量无法按产品直接划分。甲产品投产200件，原材料消耗定额为20千克；乙产品投产300件，原材料消耗定额为8千克。A原材料的计划单价为5元/千克，成本差异率为超支2%。甲、乙两种产品实际消耗A原材料总量为2 880千克。

【要求】计算编制表2-6材料费用分配表。

表2-6 材料费用分配表

编制日期：2019年8月31日　　金额单位：元

项 目	甲 产 品	乙 产 品	合 计
投产数量（件）			—
消耗定额（千克）			—
定额消耗量（千克）			
材料消耗总量（千克）	—	—	
耗用材料的实际成本（元）	—	—	
分配率			
分配金额			

7. 某厂生产甲、乙、丙三种产品。甲产品消耗A材料3 040元，乙产品消耗A材料1 480元，丙产品消耗A材料1 480元；甲、乙、丙共消耗B材料费用144 000元；基本生产车间消耗辅助材料400元，供电车间消耗辅助材料900元，供水车间消耗辅助材料1 300元，行政管理部分消耗辅助材料400元，销售部门消耗辅助材料360元。采用定额耗用量比例法对B材料进行分配。甲产品投产量240件，乙产品360件，丙产品480件；三种产品单位产品消耗定额分别为2千克、4千克、6千克。

【要求】编制完成表2-7“材料费用分配表”，并据以编制会计分录。

表2-7 材料费用分配表

编制日期：2019年8月31日　　金额单位：元

应借科目		直接计入费用	分配计入					材料费合计
			产品产量（件）	单位消耗定额（千克）	定额消耗量（千克）	分配率	分配金额	
基本生产成本	甲产品							
	乙产品							
	丙产品							
	小 计							
辅助生产成本	供电车间							
	供水车间							
	小 计							
制造费用								
管理费用								
销售费用								
合 计								

8. 某企业生产甲、乙两种产品，共同耗用 A、B 两种主要材料共计 523 200 元。甲产品的实际产量为 400 件，单位消耗定额为：A 材料 10 千克，B 材料 16 千克；乙产品的实际产量为 200 件，单位消耗定额为：A 材料 14 千克，B 材料 18 千克。A、B 两种材料的计划单价分别为 20 元和 30 元。

【要求】采用定额成本比例法对材料费用进行分配，编制完成表 2-8 材料费用分配表。

表 2-8 材料费用分配表

编制日期：2019 年 8 月 31 日　　　　金额单位：元

产品名称	产品产量（件）	材料定额成本									分配率	分配金额
		A 材料				B 材料				定额成本合计		
		单位消耗定额（千克）	定额消耗量（千克）	计划单价	定额成本	单位消耗定额（千克）	定额消耗量（千克）	计划单价	定额成本			
甲产品												
乙产品												
合　计												

9. 平津制造公司生产 A、B 两种产品，2019 年 8 月共发生工资费用 231 000 元，其中直接生产工人 162 000 元，A 产品的生产工时为 3 000 小时，B 产品的生产工时为 2 400 小时；其他部门工资费用如表 2-9 所示。

【要求】按产品生产工时比例分配直接生产工人的人工费用，编制完成表 2-9 工资费用分配表，并据以编制会计分录。

表 2–9 工资费用分配表

编制日期：2019 年 8 月 31 日　　金额单位：元

项目		直接生产工人工资			其他人员工资	合计
		生产工时	分配率	分配金额		
基本生产车间	A 产品					
	B 产品					
	小计					
	车间管理人员				12 300	
辅助生产车间					15 200	
行政管理部门					22 900	
销售部门					18 600	
合计						

10. 某工业企业下设供水和供电两个辅助生产车间。辅助生产车间的制造费用不通过"制造费用"科目核算。基本生产成本明细账设有"直接材料"（包括动力费用）、直接人工和制造费用三个成本项目"。2019 年 8 月各辅助生产车间的费用及提供的产品和劳务数量如表 2–10 所示。

表 2–10 辅助生产车间提供劳务汇总表

辅助生产车间名称		供水车间	供电车间
待分配费用（元）		17 600	18 000
劳务数量		23 000 吨	35 000 千瓦·时
耗用劳务数量	供水车间耗用		5 000 千瓦·时
	供电车间耗用	1 000 吨	
	基本生产直接生产耗用		20 000 千瓦·时
	基本车间一般耗用	20 000 吨	6 000 千瓦·时
	行政管理部门耗用	2 000 吨	4 000 千瓦·时

【要求】按照直接分配法编制表 2-11 辅助生产费用分配表，并据以编制会计分录。

表 2-11　辅助生产费用分配表

编制日期：2019 年 8 月 31 日　　　　金额单位：元

项　　目	供水车间			供电车间		
	劳务数量（吨）	分配率	分配金额	劳务数量（千瓦·时）	分配率	分配金额
基本生产直接产品生产耗用						
基本生产车间一般耗用						
行政管理部门耗用						
合　　计						

11. 某工业企业设有供电和供水两个辅助生产车间，2019 年 7 月供电车间供电 29 000 千瓦/时，全月发生的生产费用为 17 400 元，供水车间供水 12 500 吨，全月发生的生产费用为 8 500 元。水电均为一般耗用，有关的受益单位和受益数量如表 2-12 所示。

表 2-12　辅助生产劳务提供汇总表

编制日期：2019 年 8 月 31 日

收益单位	供电数量（千瓦·时）	供水车间（吨）
供电车间		2 500
供水车间	4 000	
基本生产车间	20 000	9 000
行政管理部门	5 000	1 000
合　　计	29 000	12 500

【要求】采用交互分配法编制完成表 2-13 辅助生产费用分配表，并据以编制会计分录。

表 2-13 辅助生产费用分配表

编制日期：2019 年 8 月 31 日　　　　金额单位：元

项目		第一次分配		第二次分配		合计
		供电车间（千瓦·时）	供水车间（吨）	供电车间（千瓦·时）	供水车间（吨）	
待分配费用						——
劳务总量						——
分配率						——
供电车间	劳务量	——		——	——	——
	金额	——		——	——	
供水车间	劳务量		——	——	——	——
	金额		——	——	——	
基本生产车间	劳务量	——	——			——
	金额	——	——			
行政管理部门	劳务量	——	——			——
	金额	——	——			

12. 南方万和公司基本生产车间本月实际发生的制造费用为 18 000 元。本月实际产量为：甲产品 3 600 件，乙产品 1 400 件，丙产品 1 000 件；单件产品工时定额为：甲产品 2.5 小时，乙产品 3.5 小时，丙产品 3.75 小时。

【要求】按产品定额工时比例分配法分配制造费用（分配率保留五位小数，分配金额保留至分位），并根据计算结果编制会计分录。

产品定额总工时＝

分配率＝

甲产品分配＝

乙产品分配＝

丙产品分配＝

13. 南方纺纱厂生产 18 支、24 支、32 支三个品种的棉纱，2019 年 8 月归集制造费用共计 76 000 元，采用直接人工工时作为分配标准。相关资料如表 2-14 所示。

表 2-14　制造费用分配表

编制日期：2019 年 8 月 31 日　　　　金额单位：元

项　　目	18 支纱	24 支纱	32 支纱	合　　计
产量（磅）	450 000	585 000	705 000	——
直接人工工时	50 000	65 000	75 000	190 000
制造费用总额	——	——	——	76 000
制造费用分配率				
制造费用分配额				

【要求】按人工工时比例分配法分配制造费用，编制完成表 2-14 制造费用分配表，并据以编制制造费用分配的会计分录。

14. 大海公司生产 B 产品，2019 年 8 月 B 产品完工 800 件，月末在产品 200 件。B 产品成本相关资料如表 2-15 所示。

表 2-15　B 产品成本资料

金额单位：元

项　　目	直接材料	直接人工	制造费用	合　　计
月初在产品成本	2 000	350	700	3050
本月发生生产成本	7 000	1 000	2 000	10 000
本月生产成本合计	9 000	1 350	2 700	13 050

【要求】

（1）假如期末在产品完工程度为 50%，原材料于生产开始是一次投入，采用约当产量法计算编制表 2-16 产品成本计算表。

（2）假如原材料随加工程度逐步投入，月末在产品完工程度为 50%，采用约当产量法计算编制表 2-17 产品成本计算表。

表 2-16　产品成本计算表

产品名称：B 产品　　　　2019 年 8 月 31 日　　　　金额单位：元

项　　目	直接材料	直接人工	制造费用	合　　计
月初在产品成本				
本月发生生产成本				
本月生产成本合计				
完工产品产量（件）				——
期末在产品数量（件）				——
期末在产品约当产量（件）				——
约当总产量（件）				——
单位成本				
完工产品成本				
期末在产品成本				

表 2-17　产品成本计算表

产品名称：B 产品　　　　2019 年 8 月 31 日　　　　金额单位：元

摘　　要	直接材料	直接人工	制造费用	合　　计
月初在产品成本				
本月发生生产成本				
本月生产成本合计				
完工产品产量（件）				——
期末在产品数量（件）				——
期末在产品约当产量（件）				——
约当总产量（件）				——
单位成本				
完工产品成本				
期末在产品成本				

四、实务操作题

【企业背景】南华市嘉兴家具有限公司是专业生产学生课桌和课椅的小型企业，为增值税一般纳税人。企业内设基本生产车间和机修车间（辅助生产车间）。采用品种法进行产品成本核算（设置课桌和课椅两个成本核算对象）。2019 年 8 月份相关资料如下。

（一）2019 年 8 月份期初相关成本明细账（简化格式）如图 2-1～图 2-4 所示。

基本生产成本 明细账

产品名称：课桌　　　　　　　　　　　　　　　　　　总第____页　分第____页

2019年		记账凭证		摘要	成本项目				
月	日	字	号		合计	直接材料	直接人工	制造费用	
			…		…		…		
7	31			期末在产品成本	142 052.96	115 800.00	16 840.00	9 412.96	

图 2-1　基本生产成本明细账

基本生产成本 明细账

产品名称：课椅　　　　　　　　　　　　　　　　　　总第____页　分第____页

2019年		记账凭证		摘要	成本项目				
月	日	字	号		合计	直接材料	直接人工	制造费用	
			…		…		…		
7	31			期末在产品成本	72 263.04	62 100.00	6 860.00	3 303.04	

图 2-2　基本生产成本明细账

辅助生产成本 明细账

户名：机修车间　　　　　　　　　　　　总第____页　分第____页

2019年		记账凭证		摘要	费用项目				
月	日	字	号		合计	职工薪酬	折旧费	材料费	其他

图 2-3　辅助生产成本明细账

制造费用 明细账

户名：基本生产车间　　　　　　　　　　总第____页　分第____页

2019年		记账凭证		摘要	费用项目					
月	日	字	号		合计	职工薪酬	折旧费	水电费	材料费	其他

图 2-4　制造费用明细账

（二）2019 年 8 月份产品产量情况如表 2-18 所示。

表 2-18　2019 年 8 月份产品产量统计表

产品名称	计量单位	期初在产品	本期投产	本期完工	期末在产品	期末在产品完工程度
课　桌	张	2 500	5 000	7 500	0	
课　椅	张	1 500	6 000	7 000	500	50%

（三）2019 年 8 月份发生以下与生产成本有关的经济业务。

【业务 1】

【经济业务内容】生产领用材料。

【情景】2019 年 8 月 31 日，会计员收到领料单（见图 2-5~图 2-10）。

领　料　单

南华市嘉兴家具有限公司 供应专用章

领料部门 基本生产车间　　2019 年 8 月 1 日　　No:2004535

制品名称 课桌、课椅　　制品数量 ______　　制品用途 主要材料

编　号	品　名	规　格	计量单位	单　价	请领数量	实发数量	金　额
	钢管	2.2mm×28mm	吨	5 000	53	53.2	266 000.00
附件　　张					合　计		266 000.00

第三联：财务记账

主管 肖晓倩　　发料 阳剑华　　领料 王键春　　制单 项裕华

图 2-5　领料单

领　料　单

南华市嘉兴家具有限公司 供应专用章

领料部门 基本生产车间　　2019 年 8 月 1 日　　No:2004536

制品名称 课桌　　制品数量 7 000　　制品用途 主要材料

编　号	品　名	规　格	计量单位	单　价	请领数量	实发数量	金　额
	胶合板	1 575mm×1 381mm	张	86	550	550	47 300.00
	钢板	1.2mm×1 000mm	吨	4 800	13	13	62 400.00
	辅助材料		元		32 000	32 000	32 000.00
附件　　张					合　计		141 700.00

第三联：财务记账

主管 肖晓倩　　发料 阳剑华　　领料 王键春　　制单 项裕华

图 2-6　领料单

领　料　单

南华市嘉兴家具有限公司 供应专用章

领料部门 基本生产车间　　2019 年 8 月 1 日　　No:2004537

制品名称 课椅　　制品数量 6 000　　制品用途 主要材料

编　号	品　名	规　格	计量单位	单　价	请领数量	实发数量	金　额
	胶合板	1 200mm×786mm	张	55	1 080	1 080	59 400.00
	辅助材料		元		30 000	30 000	30 000.00
附件　张				合　计			89 400.00

第三联：财务记账

主管 肖晓倩　　发料 阳剑华　　领料 王键春　　制单 项裕华

图 2-7　领料单

领　料　单

南华市嘉兴家具有限公司 供应专用章

领料部门 基本生产车间　　2019 年 8 月 1 日　　No:2004538

制品名称　　制品数量　　制品用途 一般耗用

编　号	品　名	规　格	计量单位	单　价	请领数量	实发数量	金　额
	钢管	2.2mm×28mm	吨	5 000	0.4	0.42	2 100.00
	钢板	1.2mm×1 000mm	吨	4 800	0.4	0.45	2 160.00
	辅助材料		元		1 600	1 600	1 600.00
附件　张				合　计			5 860.00

第三联：财务记账

主管 肖晓倩　　发料 阳剑华　　领料 王键春　　制单 项裕华

图 2-8　领料单

领　料　单

南华市嘉兴家具有限公司 供应专用章

领料部门 后期部　　2019 年 8 月 1 日　　No:2004539

制品名称　　制品数量　　制品用途 设备维修

编　号	品　名	规　格	计量单位	单　价	请领数量	实发数量	金　额
	辅助材料		元		1 500	1 500	1 500.00
附件　张				合　计			1 500.00

第三联：财务记账

主管 肖晓倩　　发料 阳剑华　　领料 印少华　　制单 尧雪青

图 2-9　领料单

领 料 单

南华市嘉兴家具有限公司 供应专用章

领料部门 机修车间　　2019 年 8 月 1 日　　No:2004540

制品名称　　制品数量　　制品用途 维修耗用

编 号	品 名	规 格	计量单位	单 价	请领数量	实发数量	金 额
	钢管	2.2mm×28mm	吨	5 000	0.6	0.58	2 900.00
	钢板	1.2×1 000mm	吨	4 800	1.1	1.05	5 040.00
	辅助材料		元		6 000	6 000	6 000.00
附件 张					合 计		13 940.00

第三联：财务记账

主管 肖晓倩　　发料 阳剑华　　领料 常建生　　制单 尧雷青

图 2-10 领料单

【要求】

1. 假如课桌和课椅每单位钢管定额消耗量分别为 4 千克/张和 6 千克/张，请按照课桌和课椅的定额消耗量及其投产数量编制钢管材料费用分配表（见表 2-19）。

表 2-19 钢管材料费用分配表

编制日期：　　金额单位：元

产品名称	计量单位	产 量	单位消耗定额（千克/张）	定额消耗量	分 配 率	分配金额
合 计						

2. 根据领料单和钢管材料费用分配表编制材料耗用汇总表（见表 2-20）。

表 2-20 材料耗用汇总表

编制日期：　　金额单位：元

品名规格	计量单位	单 价	课桌		课椅		基本生产车间		机修车间		管理部门		合 计	
			数 量	金 额	数 量	金 额	数 量	金 额	数 量	金 额	数 量	金 额	数 量	金 额
胶合板 1 575mm×1 381mm	张													
胶合板 1 200mm×786mm	张													
钢管 2.2mm×28mm	吨													
钢板 1.2mm×1 000mm	吨													
辅助材料	元													
合 计														
附件张数				备 注										

3. 根据材料耗用汇总表编制记账凭证（见图 2-11 和图 2-12，假设企业此前记账凭证编号已编至记字 80 号，本案例从记字 81 号编起）。

记 账 凭 证

年　　月　　日　　　　　　______字______号

摘　要	总账科目	明细科目	借方金额										√	贷方金额										√
			千	百	十	万	千	百	十	元	角	分		千	百	十	万	千	百	十	元	角	分	
合　计																								

附件　　张

会计主管：　　　　记账：　　　　复核：　　　　制单：

图 2-11　记账凭证

记 账 凭 证

年　　月　　日　　　　　　______字______号

摘　要	总账科目	明细科目	借方金额										√	贷方金额										√
			千	百	十	万	千	百	十	元	角	分		千	百	十	万	千	百	十	元	角	分	
合　计																								

附件　　张

会计主管：　　　　记账：　　　　复核：　　　　制单：

图 2-12　记账凭证

【业务 2】

【经济业务内容】 分配应付职工薪酬。

【情景】 会计员根据 8 月份应付职工薪酬情况编制的应付职工薪酬汇总表如表 2-21 所示；课桌和课椅的生产工时分别为 2 800 工时和 2 200 工时。

表 2-21 2019 年 8 月应付职工薪酬汇总表

编制日期：2019 年 8 月 31 日 金额单位：元

部门		应付工资	单位缴纳的社会保险费	单位缴纳的住房公积金	职工福利费	工会经费	职工教育经费	合计
基本生产车间	生产工人	86 000.00	28 380.00	10 320.00	8 290.00	1 720.00	1 290.00	136 000.00
	管理人员	9 000.00	2 970.00	1 080.00	1 235.00	180.00	135.00	14 600.00
机修车间		12 000.00	3 960.00	1 440.00	1 680.00	240.00	180.00	19 500.00
销售人员		8 000.00	2 640.00	960.00	1 120.00	160.00	120.00	13 000.00
行政管理人员		36 000.00	11 880.00	4 320.00	5 040.00	720.00	540.00	58 500.00
合计		151 000.00	49 830.00	18 120.00	17 365.00	3 020.00	2 265.00	241 600.00

【要求】

1. 将生产工人的职工薪酬按照生产工时比例进行分配，编制直接人工费用分配表（见表 2-22）。

表 2-22 直接人工费用分配表

编制日期： 金额单位：元

产品名称	生产工时	分配率	应分配金额
课桌			
课椅			
合计			

2. 根据应付职工薪酬汇总表和直接人工费用分配表编制记账凭证（见图 2-13 和图 2-14）。

记账凭证

年 月 日 ____字____号

摘要	总账科目	明细科目	借方金额										√	贷方金额										√
			千	百	十	万	千	百	十	元	角	分		千	百	十	万	千	百	十	元	角	分	
合计																								

附件 张

会计主管： 记账： 复核： 制单：

图 2-13 记账凭证

记账凭证

年　　月　　日　　　　＿＿＿＿字＿＿＿＿号

摘要	总账科目	明细科目	借方金额										√	贷方金额										√
			千	百	十	万	千	百	十	元	角	分		千	百	十	万	千	百	十	元	角	分	
合计																								

附件　张

会计主管：　　　　记账：　　　　复核：　　　　制单：

图 2-14　记账凭证

【业务 3】

【经济业务内容】预提本月电费。

【情景】会计员收到后勤部门交来的 8 月份各部门用电情况（见表 2-23）；课桌和课椅的生产工时见【业务 2】所述。

表 2-23　电费耗用情况统计表

编制日期：　　　　　　　　　　　　　　　　　　　　金额单位：元

部门或项目		计量单位	数量	单价	金额
基本生产车间	直接产品生产耗用	千瓦·时	11 200	0.50	5 600.00
	车间一般耗用	千瓦·时	640	0.50	320.00
机修车间耗用		千瓦·时	3 200	0.50	1 600.00
行政管理部门耗用		千瓦·时	1 860	0.50	930.00
合计			16 900		8 450.00

【要求】

1. 将直接产品生产耗用的电费按生产工时的比例进行分配，编制外购动力费用分配表（见表 2-24）。

表 2-24　外购动力费用分配表

编制日期：　　　　　　　　　　　　　　　　　　　　金额单位：元

产品名称	机器工时定额	分配率	应分配金额
课桌			
课椅			
合计			

2. 根据电费耗用情况统计表和外购动力费用分配表编制预提电费的记账凭证（见图 2-15和图 2-16）。

记 账 凭 证

年　　月　　日　　　　　　　　　　　　字　　　　　号

摘　要	总账科目	明细科目	借方金额										√	贷方金额										√
			千	百	十	万	千	百	十	元	角	分		千	百	十	万	千	百	十	元	角	分	
合　计																								

附件　张

会计主管：　　　　记账：　　　　复核：　　　　制单：

图 2-15　记账凭证

记 账 凭 证

年　　月　　日　　　　　　　　　　　　字　　　　　号

摘　要	总账科目	明细科目	借方金额										√	贷方金额										√
			千	百	十	万	千	百	十	元	角	分		千	百	十	万	千	百	十	元	角	分	
合　计																								

附件　张

会计主管：　　　　记账：　　　　复核：　　　　制单：

图 2-16　记账凭证

【业务 4】

【经济业务内容】计提固定资产折旧。

【情景】会计员根据 8 月份固定资产使用情况及折旧标准编制的固定资产折旧计算表如表 2-25 所示。

表 2-25　固定资产折旧计算表

编制日期：2019 年 8 月 31 日　　　　金额单位：元

使用部门	固定资产类别	原始价值	月综合折旧率	合计金额
基本生产车间	厂房	480 000	0.45%	2 160.00
	设备	660 000	1.25%	8 250.00
	小　计	1 140 000		10 410.00
机修车间	厂房	360 000	0.45%	1 620.00
	设备	160 000	1.25%	2 000.00
	小　计	520 000		3 620.00
行政管理部门	房屋及建筑物	640 000	0.45%	2 880.00
	交通工具	180 000	1.00%	1 800.00
	小　计	820 000		4 680.00
合　计		2 480 000		18 710.00

【要求】

根据固定资产折旧计算表编制计提固定资产折旧的记账凭证（见图 2-17）。

记 账 凭 证

年　　月　　日　　　　　　字　　　　号

摘　要	总账科目	明细科目	借方金额										√	贷方金额										√
			千	百	十	万	千	百	十	元	角	分		千	百	十	万	千	百	十	元	角	分	
合　计																								

附件　张

会计主管：　　记账：　　复核：　　制单：

图 2-17　记账凭证

【业务 5】

【经济业务内容】 分配和结转辅助生产成本。

【情景】 2019 年 8 月份发生的与辅助生产成本有关的经济业务见【业务 1】～【业务 4】所述。

【要求】

1. 根据记账凭证及其所附的原始凭证登记辅助生产成本明细账（见图 2-3），并结出本月发生额合计。

2. 假如本月机修车间提供修理作业的生产工时共 1 000 工时，其中提供基本生产车间

900 工时、管理部门 100 工时，请按照生产工时比例编制辅助生产成本分配表（见表 2-26）。

表 2-26 辅助生产成本分配表

编制日期： 金额单位：元

项 目	生产工时	分配率	分配金额
基本生产车间			
管理部门			
合 计			

3. 根据辅助生产成本分配表编制记账凭证（见图 2-18）。

记 账 凭 证

年 月 日 ______字______号

摘 要	总账科目	明细科目	借方金额										√	贷方金额										√
			千	百	十	万	千	百	十	元	角	分		千	百	十	万	千	百	十	元	角	分	
合 计																								

附件 张

会计主管： 记账： 复核： 制单：

图 2-18 记账凭证

4. 根据记账凭证及其所附的原始凭证登记辅助生产成本明细账（见图 2-3），并按要求结账。

【业务 6】

【经济业务内容】分配和结转制造费用。

【情景】2019 年 8 月份发生的与制造费用有关的经济业务见【业务 1】~【业务 5】所述；课桌和课椅的生产工时见【业务 2】所述。

【要求】

1. 根据记账凭证及其所附的原始凭证登记制造费用明细账（见图 2-4），并结出本月发生额合计。
2. 按照生产工时比例进行分配，编制制造费用分配表（见表 2-27）。
3. 根据制造费用分配表编制记账凭证（见图 2-19）。
4. 根据记账凭证及其所附的原始凭证登记制造费用明细账（见图 2-4），并按要求结账。

表 2-27　制造费用分配表

编制日期：　　　　　　　　　　　　　　　　　　　　　　　　　　　金额单位：元

项　　目	定额工时	分　配　率	分配金额
课桌			
课椅			
合　　计			

记 账 凭 证

年　　月　　日　　　　　　　　　　　　　　______字______号

摘　要	总账科目	明细科目	借方金额										√	贷方金额										√
			千	百	十	万	千	百	十	元	角	分		千	百	十	万	千	百	十	元	角	分	
合　　计																								

附件　张

会计主管：　　　　　记账：　　　　　复核：　　　　　制单：

图 2-19　记账凭证

【业务 7】

【经济业务内容】计算和结转完工产品成本。

【情景】2019 年 8 月份发生的与产品生产成本有关的经济业务见【业务 1】~【业务 6】所述；2019 年 8 月份产品产量情况如表 2-18 所示；生产成本在期末在产品与完工产品之间的分配采用约当产量法；原材料在产品投产时一次性投入。

【要求】

1. 根据相关记账凭证及其所附的原始凭证登记课桌和课椅的生产成本明细账（见图 2-1和图 2-2），并结出本月发生额合计和累计发生额。
2. 根据相关资料编制课桌和课椅的产品成本计算表（见表 2-28 和表 2-29）。
3. 根据产品成本计算表编制完工产品成本汇总表（见表 2-30）。
4. 根据完工产品成本汇总表编制记账凭证（见图 2-20）。
5. 根据记账凭证及其所附的原始凭证登记课桌和课椅的生产成本明细账（见图 2-1 和图 2-2），并按要求结账。

表 2-28　产品成本计算表

产品名称：课桌　　　　年　月　日　　　　金额单位：元

项　　目	直接材料	直接人工	制造费用	合　　计
期初在产品成本				
本期生产成本				
生产成本合计				
本期完工产品产量				
期末在产品产量				
在产品约当产量				
约当总产量				
单位成本				
完工产品成本				
期末在产品成本				

表 2-29　产品成本计算表

产品名称：课椅　　　　年　月　日　　　　金额单位：元

项　　目	直接材料	直接人工	制造费用	合　　计
期初在产品成本				
本期生产成本				
生产成本合计				
本期完工产品产量				
期末在产品产量				
在产品约当产量				
约当总产量				
单位成本				
完工产品成本				
期末在产品成本				

表 2-30　完工产品成本汇总表

编制日期：　　　　金额单位：元

品名规格	计量单位	数　　量	单位成本	总　成　本			
				直接材料	直接人工	制造费用	合　　计
课桌	张						
课椅	张						
合　　计							

记账凭证

年　　月　　日　　　　　　＿＿＿字＿＿＿号

摘　要	总账科目	明细科目	借方金额										√	贷方金额										√
			千	百	十	万	千	百	十	元	角	分		千	百	十	万	千	百	十	元	角	分	
合　计																								

附件　　张

会计主管：　　　　记账：　　　　复核：　　　　制单：

图 2-20　记账凭证

项目三

分批法

一、判断题（正确的打“√”，错误的打“×”）

1. 分批法是以产品生产的“批别”或产品“订单”作为成本计算对象的。（ ）

2. 在分批法下，一般以各批产品的生产周期作为成本计算期，因此，成本计算是不定期的。（ ）

3. 在分批法下，由于一般是在该批产品全部完工时才计算该批产品的成本，因此一般不存在生产成本在完工产品与在产品之间的分配。（ ）

4. 分批法主要适用于大量、大批生产的产品成本的计算。（ ）

5. 简化分批法按产品批别设置生产成本明细账，登记各批产品的直接费用和间接费用。（ ）

6. 在简化分批法下，应设置“基本生产成本（二级）明细账”，按成本项目汇总登记基本生产成本和生产工时，并据以分配完工产品的间接计入费用。（ ）

7. 在简化分批法下，在各批产品完工之前，不分配间接费用。（ ）

二、业务核算题（分批法）

南华市千玺陶瓷有限公司是专业生产各种定制手工陶瓷的小型企业，为增值税一般纳税人。企业内设基本生产车间和机修车间（辅助生产车间）。根据生产特点采用分批法核算产品成本。2019年8月发生以下与生产成本有关的经济业务。

1. 会计人员根据收到的领料单编制发料汇总表见表3-1，请据以编制发放材料的会计分录。

表3-1　发料汇总表

编制日期：2019年8月31日　　　　金额单位：元

材料名称	计量单位	单价	0703景蓝陶瓷花瓶		0801粉彩陶瓷花瓶		0802普通陶瓷花瓶		合计	
			数量	金额	数量	金额	数量	金额	数量	金额
黏土	吨	550	0.48	264.00	0.21	115.50	0.94	517.00	1.63	896.50
涂料A	千克	180	238	42 840.00	94	16 920.00	303	54 540.00	635	114 300.00
涂料B	千克	47	23	1 081.00	15	705.00	31	1 457.00	69	3 243.00
其他辅料	元			2 800.00		2 200.00		477.00		5 477.00
合计				46 985.00		19 940.50		56 991.00		123 916.50
附件张数	8		备注：							

2. 会计人员根据2019年8月份应付职工薪酬情况编制应付职工薪酬汇总表，如表3-2所示，请据以编制人工工资费用分配的会计分录。

表3-2 应付职工薪酬汇总表

编制日期：2019年8月31日　　　　金额单位：元

部门/产品		应发工资	养老保险	失业保险	医疗保险	工伤保险	生育保险	住房公积金	合　计
基本车间生产工人	0703 景蓝陶瓷花瓶	40 160.00	8 032.00	803.20	3 212.80	200.80	321.28	4 016.00	56 746.08
	0801 粉彩陶瓷花瓶	23 500.00	4 700.00	470.00	1 880.00	117.50	188.00	2 350.00	33 205.50
	0802 普通陶瓷花瓶	55 250.00	11 050.00	1 105.00	4 420.00	276.25	442.00	5 525.00	78 068.25
基本生产车间管理人员		26 555.00	5 311.00	531.10	2 124.40	132.78	212.44	2 655.50	37 522.22
辅助生产车间		18 104.00	3 620.80	362.08	1 448.32	90.52	144.83	1 810.40	25 580.95
企业管理部门		29 800.00	5 960.00	596.00	2 384.00	149.00	238.40	2 980.00	42 107.40
合　计		193 369.00	38 673.80	3 867.38	15 469.52	966.85	1 546.95	19 336.90	273 230.40

3. 会计人员根据2019年8月份各部门用电情况编制电费耗用统计表及直接生产用电费用分配表如表3-3、表3-4所示，请据以编制预提电费的会计分录。

表3-3　电费耗用情况统计表

编制日期：2019年8月31日　　　　金额单位：元

使用部门		计量单位	数　量	单　价	金　额
基本生产车间	生产产品	千瓦·时	4 800	0.50	2 400.00
	一般耗用	千瓦·时	160	0.50	80.00
辅助车间耗用		千瓦·时	300	0.50	150.00
管理部门耗用		千瓦·时	160	0.50	80.00
合　计			5 420		2 710.00

表3-4　直接生产用电费用分配表

编制日期：2019年8月31日　　　　金额单位：元

生产批号	产品名称	工时定额	分　配　率	分配金额
0703	景蓝陶瓷花瓶	12 000	0.06	720
0801	粉彩陶瓷花瓶	4 000	0.06	240
0802	普通陶瓷花瓶	24 000	0.06	1 440
合　计		40 000	0.06	2 400

4. 会计人员根据2019年8月份固定资产使用情况及折旧标准编制的固定资产折旧计算表如表3-5所示，请据以编制计提固定资产折旧的会计分录。

表3-5 固定资产折旧计算表

编制日期：2019年8月31日　　　　金额单位：元

使用部门	固定资产类别	原始价值	月综合折旧率	合计金额
生产车间	厂房	680 000	1.00%	6 800.00
	设备	36 500	1.25%	456.25
	小　计	716 500		7 256.25
辅助生产车间	厂房	230 000	1.00%	2 300.00
	设备	9 500	1.25%	118.75
	小　计	239 500		2 418.75
管理部门	房屋及建筑物	250 000	1.00%	2 500.00
	运输工具	86 000	1.25%	1 075.00
	小　计	336 000		3 575.00
合　计		1 292 000		13 250.00

5. 会计人员根据 2019 年 8 月份辅助生产成本有关资料编制的辅助生产费用分配表如表 3-6所示，请据以编制辅助生产费用分配的会计分录。

表 3-6　辅助生产费用分配表

编制日期：2019 年 8 月 31 日　　　　金额单位：元

项　目	机器工时	分　配　率	分配金额
基本生产车间	1 800	14.074 85	25 334.73
管理部门	200	14.074 85	2 814.97
合　计	2 000	14.074 85	28 149.70

6. 会计人员根据 2019 年 8 月份制造费用有关资料编制的制造费用分配表如表 3-7 所示，请据以编制制造费用分配的会计分录。

表 3-7　制造费用分配表

编制日期：2019 年 8 月 31 日　　　　金额单位：元

生产批号	产品名称	工时定额	分　配　率	分配金额
0703	景蓝陶瓷花瓶	12 000	1.754 830	21 057.96
0801	粉彩陶瓷花瓶	4 000	1.754 830	7 019.32
0802	普通陶瓷花瓶	24 000	1.754 830	42 115.92
合　计		40 000	1.754 830	70 193.20

7. 会计人员根据2019年8月份产品生产成本有关资料编制的完工产品成本汇总表如表3-8所示，请据以编制结转完工产品成本的会计分录。

表3-8 完工产品成本汇总表

编制日期：2019年8月31日　　　　金额单位：元

生产批号	产品名称	计量单位	产品产量	总成本				单位成本
				直接材料	直接人工	制造费用	合计	
0703	景蓝陶瓷花瓶	个	4 000	47 705.00	56 746.08	21 057.96	125 509.04	31.38
0801	粉彩陶瓷花瓶	个	1 000	20 180.50	33 205.50	7 019.32	60 405.32	60.41

三、实务操作题（分批法）

【企业背景】南华市新星服装有限公司是专业生产各种定制服装的小型企业，为增值税一般纳税人。企业内设基本生产车间和机修车间（辅助生产车间）。根据生产特点采用分批法核算产品成本。2019年8月份相关资料如下。

（一）2019年8月份生产任务通知单如表3-9所示。

表3-9 2019年8月份生产任务通知单

生产批号	产品名称	计量单位	生产批量	投产日期	完工日期	备注
0706	牛仔服	套	10 000	7月6日	8月26日	完工时一次性交货
0708	工作服	套	3 000	7月25日	8月25日	完工时一次性交货
0801	皮夹克	件	4 000	8月1日	9月10日	完工时一次性交货

（二）2019年7月份期末未完工产品的产品成本计算单及相关成本明细账（简化格式，下同）如图3-1、图3-2所示；本月新投产的产品成本计算单如图3-3所示；辅助生产成本明细账、制造费用明细账如图3-4、图3-5所示。

产品成本计算单

生产批号	0706	计量单位	套	投产日期	2019年7月6日
产品名称	牛仔服	生产批量	10 000	完工日期	2019年8月26日

2019年		记账凭证		摘要	成本项目			
月	日	字	号		合计	直接材料	直接人工	制造费用
7	31	记	85	材料费用分配	311 550.00	311 550.00		
	31	记	86	分配职工薪酬	191 800.00		191 800.00	
	31	记	87	预提电费	2 213.00			2 213.00
	31	记	88	分配制造费用	40 507.00			40 507.00
				本月合计	546 070.00	311 550.00	191 800.00	42 720.00

图 3-1　产品成本计算单

产品成本计算单

生产批号	0708	计量单位	套	投产日期	2019年7月25日
产品名称	工作服	生产批量	3 000	完工日期	2019年8月25日

2019年		记账凭证		摘要	成本项目			
月	日	字	号		合计	直接材料	直接人工	制造费用
7	31	记	85	材料费用分配	250 245.00	250 245.00		
	31	记	86	分配职工薪酬	70 800.00		70 800.00	
	31	记	87	预提电费	762.00			762.00
	31	记	88	分配制造费用	15 633.00			15 633.00
				本月合计	337 440.00	250 245.00	70 800.00	16 395.00

图 3-2　产品成本计算单

产品成本计算单

生产批号 0801　　计量单位 件　　投产日期 2019年8月1日

产品名称 皮夹克　　生产批量 4 000　　完工日期 2019年9月10日

2019年		记账凭证		摘　要	成　本　项　目			
月	日	字	号		合　计	直接材料	直接人工	制造费用

图 3-3　产品成本计算单

辅助生产成本 明 细 账

户名：机修车间　　　　总第__页 分第__页

2019年		记账凭证		摘　要	费　用　项　目					
月	日	字	号		合　计	职工薪酬	折旧费	水电费	其　他	
			…			…		…		

图 3-4　辅助生产成本明细账

制造费用 明细账

户名：基本生产车间　　　　总第__页 分第__页

2019年		记账凭证		摘　　要	费用项目					
月	日	字	号		合　计	职工薪酬	折旧费	水电费	其　他	
			…			…			…	

图 3-5　制造费用明细账

（三）2019 年 8 月份发生以下与生产成本有关的经济业务。

【业务 1】

【经济业务内容】生产领用材料。

【情景】2019 年 8 月 31 日，会计人员收到领料单（见图 3-6~图 3-9）。

【要求】

1. 根据领料单编制发料汇总表（见表 3-10）。

2. 根据发料汇总表编制记账凭证（见图 3-10 和图 3-11，假如企业此前记账凭证编号已编至记字 70 号，本案例从记字 71 号编起）。

领　料　单

（印章：南华市新星服装有限公司 供应专用章）

领料部门：基本生产车间　　产品批号：0706　　产品名称：牛仔服

计量单位：套　　生产批量：10 000　　日　期：2019年8月1日

编　号	品名规格	计量单位	单　价	请领数量	实发数量	金　额
4202	拉链	米	2.80	7 000	7 000	19 600.00
4206	拉链头	个	1.50	14 000	14 000	21 000.00
4303	合金纽扣	颗	2.60	30 000	30 000	78 000.00
4306	合金纽扣	颗	1.30	60 000	60 000	78 000.00
4801	缝纫线	轴	4.50	1 300	1 300	5 850.00
合　计						202 450.00

第三联：财务记账

主管：方泉生　　发料：叶剑全　　领料：劳士忠　　制单：安静华

图 3-6　领料单

领 料 单

领料部门 基本生产车间　　产品批号 0708　　产品名称 工作服

计量单位 套　　生产批量 3 000　　日 期 2019年8月1日

编 号	品名规格	计量单位	单 价	请领数量	实发数量	金 额
4103	垫肩	对	2.50	3 000	3 000	7 500.00
4202	拉链	米	2.80	2 100	2 100	5 880.00
4206	拉链头	个	1.50	6 000	6 000	9 000.00
4305	牛角纽扣	颗	3.60	9 000	9 000	32 400.00
4308	牛角纽扣	颗	1.80	12 000	12 000	21 600.00
4801	缝纫线	轴	4.50	750	750	3 375.00
合 计						79 755.00

第三联：财务记账

主管：方泉生　　发料：叶剑全　　领料：劳士忠　　制单：安静华

（印章：南华市新星服装有限公司 供应专用章）

图 3-7　领料单

领 料 单

领料部门 基本生产车间　　产品批号 0801　　产品名称 皮夹克

计量单位 件　　生产批量 4 000　　日 期 2019年8月1日

编 号	品名规格	计量单位	单 价	请领数量	实发数量	金 额
4013	皮革面料	米	32.00	7 200	7 200	230 400.00
4016	里布	米	8.50	6 400	6 400	54 400.00
合 计						284 800.00

第三联：财务记账

主管：方泉生　　发料：叶剑全　　领料：劳士忠　　制单：安静华

（印章：南华市新星服装有限公司 供应专用章）

图 3-8　领料单

领　料　单

领料部门：基本生产车间　　产品批号：0801　　产品名称：皮夹克

计量单位：件　　生产批量：4 000　　日　期：2019年8月12日

编　号	品名规格	计量单位	单　价	请领数量	实发数量	金　额
4103	垫肩	对	2.50	4 000	4 000	10 000.00
4204	拉链	米	3.60	2 600	2 600	9 360.00
4208	拉链头	个	1.80	4 000	4 000	7 200.00
4305	牛角纽扣	颗	3.60	12 000	12 000	43 200.00
4308	牛角纽扣	颗	1.80	24 000	24 000	43 200.00
4803	缝纫线	轴	4.80	600	600	2 880.00
合　计						115 840.00

第三联：财务记账

主管：方泉生　　发料：叶剑全　　领料：劳士忠　　制单：安静华

图 3-9　领料单

表 3-10　发料汇总表

编制日期：2019 年 8 月 31 日　　金额单位：元

材料编号	品名规格	计量单位	单　价	0706 牛仔服		0708 工作服		0801 皮夹克		合　计	
				数　量	金　额	数　量	金　额	数　量	金　额	数　量	金　额
4013	皮革面料	米									
4016	里布	米									
	辅助材料	元									
合　计											
备　注									附凭证张数		

记 账 凭 证

年　月　日　　　字　　　号

摘　要	总账科目	明细科目	借方金额										√	贷方金额										√
			千	百	十	万	千	百	十	元	角	分		千	百	十	万	千	百	十	元	角	分	
合　计																								

附件　　张

会计主管：　　记账：　　复核：　　制单：

图 3-10　记账凭证

记账凭证

年 月 日　　　　＿＿＿＿字＿＿＿＿号

摘要	总账科目	明细科目	借方金额										√	贷方金额										√
			千	百	十	万	千	百	十	元	角	分		千	百	十	万	千	百	十	元	角	分	
合计																								

附件 张

会计主管：　　　　记账：　　　　复核：　　　　制单：

图 3-11　记账凭证

【业务 2】

【经济业务内容】分配应付职工薪酬。

【情景】各批产品生产工时定额计算表如表 3-11 所示，会计人员根据 2019 年 8 月份应付职工薪酬情况编制的应付职工薪酬汇总表如表 3-12 所示。

表 3-11　2019 年 8 月生产工时定额计算表

编制日期：2019 年 8 月 31 日

生产批号	产品名称	计量单位	产量	单位定额工时	折合完工程度比例	工时定额合计	备注
0706	牛仔服	套	10 000	3.6	50%	18 000	上月未完工
0708	工作服	套	3 000	4.5	50%	6 750	上月未完工
0802	皮夹克	件	4 000	3.0	50%	6 000	本月未完工
合计						30 750	

表 3-12　2019 年 8 月应付职工薪酬汇总表

部门		应付工资	单位缴纳的社会保险费	单位缴纳的住房公积金	职工福利费	工会经费	职工教育经费	合计
基本生产车间	生产工人	198 000.00	65 340.00	23 760.00	25 770.00	3 960.00	2 970.00	319 800.00
	管理人员	23 200.00	7 656.00	2 784.00	3 381.00	464.00	348.00	37 833.00
机修车间		16 400.00	5 412.00	1 968.00	2 269.00	328.00	246.00	26 623.00
行政管理人员		36 800.00	12 144.00	4 416.00	3 150.00	736.00	552.00	57 798.00
合计		274 400.00	90 552.00	32 928.00	34 570.00	5 488.00	4 116.00	442 054.00

【要求】

1. 将生产工人的职工薪酬按照生产工时定额比例进行分配，编制直接人工费用分配表（见表 3-13）。

2. 根据应付职工薪酬汇总表和直接人工费用分配表编制记账凭证（见图 3-12 和图 3-13）。

表 3-13　直接人工费用分配表

编制日期：2019 年 8 月 31 日　　　　　　　　　　　　　　　　　　　　　　　　　　金额单位：元

生产批号	产品名称	工时定额	分　配　率	应分配金额
0706	牛仔服			
0708	工作服			
0802	皮夹克			
合　计				

记 账 凭 证

年　　月　　日　　　　　　　　　　　　　字＿＿＿＿号

摘　要	总账科目	明细科目	借方金额										√	贷方金额										√
			千	百	十	万	千	百	十	元	角	分		千	百	十	万	千	百	十	元	角	分	
合　计																								

附件　　张

会计主管：　　　　记账：　　　　复核：　　　　制单：

图 3-12　记账凭证

记 账 凭 证

年　　月　　日　　　　　　　　　　　　　字＿＿＿＿号

摘　要	总账科目	明细科目	借方金额										√	贷方金额										√
			千	百	十	万	千	百	十	元	角	分		千	百	十	万	千	百	十	元	角	分	
合　计																								

附件　　张

会计主管：　　　　记账：　　　　复核：　　　　制单：

图 3-13　记账凭证

【业务 3】

【经济业务内容】 预提电费。

【情景】 会计人员根据 2019 年 8 月份各部门用电情况编制的电费耗用统计表如表 3-14 所示。

表 3-14 电费耗用统计表

编制日期：2019 年 8 月 31 日　　　　金额单位：元

部门		计量单位	数量	单价	金额
基本生产车间	直接产品生产耗用	千瓦·时	6 150	0.60	3 690.00
	车间一般耗用	千瓦·时	1 560	0.60	936.00
机修车间耗用		千瓦·时	2 120	0.60	1 272.00
行政管理部门耗用		千瓦·时	950	0.60	570.00
合计			10 780		6 468.00

【要求】

1. 将直接产品生产耗用的电费，按生产工时定额（见表 3-11）比例进行分配，编制直接生产用电费用分配表，如表 3-15 所示。

表 3-15 直接生产用电费用分配表

编制日期：2019 年 8 月 31 日　　　　金额单位：元

生产批号	产品名称	工时定额	分配率	应分配金额
0706	牛仔服			
0708	工作服			
0802	皮夹克			
合计				

2. 根据电费耗用情况统计表和直接生产用电费用分配表编制预提电费的记账凭证（见图 3-14 和图 3-15）。

记 账 凭 证

年　月　日　　　　＿＿字＿＿号

摘要	总账科目	明细科目	借方金额										√	贷方金额										√
			千	百	十	万	千	百	十	元	角	分		千	百	十	万	千	百	十	元	角	分	
合计																								

附件　张

会计主管：　　记账：　　复核：　　制单：

图 3-14 记账凭证

记账凭证

年　月　日　　　　　　　字　　　号

摘要	总账科目	明细科目	借方金额										√	贷方金额										√
			千	百	十	万	千	百	十	元	角	分		千	百	十	万	千	百	十	元	角	分	
合计																								

附件　张

会计主管：　　记账：　　复核：　　制单：

图 3-15　记账凭证

【业务 4】

【经济业务内容】计提固定资产折旧。

【情景】会计人员根据 2019 年 8 月份固定资产使用情况及折旧标准编制的固定资产折旧计算表如表 3-16 所示。

表 3-16　固定资产折旧计算表

编制日期：2019 年 8 月 31 日　　　　金额单位：元

使用部门	固定资产类别	原始价值	月综合折旧率	合计金额
基本生产车间	厂房	460 000	0.45%	2 070.00
	设备	240 000	1.25%	3 000.00
	小　计	700 000		5 070.00
机修车间	厂房	290 000	0.45%	1 305.00
	设备	220 000	1.25%	2 750.00
	小　计	510 000		4 055.00
管理部门	房屋及建筑物	1 200 000	0.45%	5 400.00
	交通工具	280 000	1.00%	2 800.00
	小　计	1 480 000		8 200.00
合　计		2 690 000		17 325.00

【要求】

根据固定资产折旧计算表编制计提固定资产折旧的记账凭证（见图 3-16）。

【业务 5】

【经济业务内容】分配和结转辅助生产成本。

【情景】2019 年 8 月份发生的与辅助生产成本有关的经济业务见【业务 1】~【业务 4】所述。

记账凭证

年 月 日 ________字__________号

摘要	总账科目	明细科目	借方金额										√	贷方金额										√
			千	百	十	万	千	百	十	元	角	分		千	百	十	万	千	百	十	元	角	分	
合计																								

附件 张

会计主管： 记账： 复核： 制单：

图 3-16 记账凭证

【要求】

1. 根据记账凭证及其所附的原始凭证登记辅助生产成本明细账（见图 3-4），并结出本月发生额合计。

2. 假设本月机修车间提供修理作业的生产工时共 1 000 工时，其中提供基本生产车间 880 工时、管理部门 120 工时，请按照生产工时比例编制辅助生产成本分配表（见表 3-17）。

表 3-17 辅助生产费用分配表

编制日期：2019 年 8 月 31 日　　　　金额单位：元

项目	生产工时	分配率	分配金额
基本生产车间			
管理部门			
合计			

3. 根据辅助生产成本分配表编制记账凭证（见图 3-17）。

4. 根据记账凭证及其所附的原始凭证登记辅助生产成本明细账（见图 3-4），并按要求结账。

【业务 6】

【经济业务内容】分配和结转制造费用。

【情景】2019 年 8 月份发生的与制造费用有关的经济业务见【业务 1】~【业务 5】所述。

【要求】

1. 根据记账凭证及其所附的原始凭证登记制造费用明细账（见图 3-5），并结出本月发生额合计。

2. 按照生产工时定额（见表 3-11）比例进行分配，编制 2019 年 8 月制造费用分配表（见表 3-18）。

记账凭证

年　　月　　日　　　　　　　　　　　　字　　　　　号

摘　要	总账科目	明细科目	借方金额										√	贷方金额										√
			千	百	十	万	千	百	十	元	角	分		千	百	十	万	千	百	十	元	角	分	
合　计																								

附件　　张

会计主管：　　　　记账：　　　　复核：　　　　制单：

图 3-17　记账凭证

表 3-18　2019 年 8 月制造费用分配表

编制日期：2019 年 8 月 31 日　　　　　　　　　　金额单位：元

生产批号	产品名称	工时定额	分　配　率	应分配金额
0706	牛仔服			
0708	工作服			
0802	皮夹克			
合　计				

3. 根据制造费用分配表编制记账凭证（见图 3-18）。

4. 根据记账凭证及其所附的原始凭证登记制造费用明细账（见图 3-5），并按要求结账。

记账凭证

年　　月　　日　　　　　　　　　　　　字　　　　　号

摘　要	总账科目	明细科目	借方金额										√	贷方金额										√
			千	百	十	万	千	百	十	元	角	分		千	百	十	万	千	百	十	元	角	分	
合　计																								

附件　　张

会计主管：　　　　记账：　　　　复核：　　　　制单：

图 3-18　记账凭证

【业务7】

【经济业务内容】计算和结转完工产品成本。

【情景】2019年8月份发生的与产品生产成本有关的经济业务见【业务1】~【业务6】所述；2019年8月产品完工情况统计表如表3-19所示。

表3-19　2019年8月份产品完工情况统计表

生产批号	产品名称	计量单位	期初在产品	本期投产	本期完工	期末在产品	期末在产品完工程度
0706	牛仔服	套	10 000		10 000	0	
0708	工作服	套	3 000		3 000	0	
0802	皮夹克	套		4 000		4 000	50%

【要求】

1. 根据相关记账凭证及其所附的原始凭证登记各批产品的产品成本计算单（见图3-1~图3-3），结出本月发生额合计和累计发生额；并据以计算完工产品的单位成本。

2. 根据完工产品的“产品成本计算单”编制完工产品成本汇总表（见表3-20）。

表3-20　完工产品成本汇总表

编制日期：2019年8月31日　　　　金额单位：元

生产批号	产品名称	计量单位	数　量	总　成　本				单位成本
				直接材料	直接人工	制造费用	合　计	
0706	牛仔服	套						
0708	工作服	套						
合　计								

3. 根据完工产品成本汇总表编制记账凭证（见图3-19）。

记 账 凭 证

年　　月　　日　　　　＿＿＿字＿＿＿号

摘　要	总账科目	明细科目	借方金额										√	贷方金额										√
			千	百	十	万	千	百	十	元	角	分		千	百	十	万	千	百	十	元	角	分	
合　计																								

附件　张

会计主管：　　记账：　　复核：　　制单：

图3-19　记账凭证

四、实务操作题（简化分批法）

仍以上例南华市新星服装有限公司 2019 年 8 月份的相关资料为背景，假如该企业采用简化分批法进行产品成本核算，相关资料如下。

（一）2019 年 8 月份生产任务单如表 3-9 所示。

（二）2019 年 7 月份期末未完工产品和本月投产的产品成本计算单及辅助生产成本明细账如图 3-20～图 3-24 所示。

产品成本计算单

生产批号 0706　计量单位 套　投产日期 2019 年 7 月 6 日

产品名称 牛仔服　生产批量 10 000　完工日期 2019 年 8 月 26 日

2019年		记账凭证		摘　　要	成本项目				生产工时
月	日	字	号		合　计	直接材料	直接人工	制造费用	
7	31	记	85	材料费用分配	311 550.00 9	311 550.00			18 000

图 3-20　产品成本计算单

产品成本计算单

生产批号 0708　计量单位 套　投产日期 2019 年 7 月 25 日

产品名称 工作服　生产批量 3 000　完工日期 2019 年 8 月 25 日

2019年		记账凭证		摘　　要	成本项目				生产工时
月	日	字	号		合　计	直接材料	直接人工	制造费用	
7	31	记	85	材料费用分配	250 245.00	250 245.00			6 750

图 3-21　产品成本计算单

产品成本计算单

生产批号 0801 计量单位 件 投产日期 2019年8月1日

产品名称 皮夹克 生产批量 4 000 完工日期 2019年9月10日

2019年		记账凭证		摘要	成本项目				生产工时
月	日	字	号		合计	直接材料	直接人工	制造费用	

图 3-22 产品成本计算单

生产成本（二级）明细账

户名：基本生产成本 总第___页 分第___页

2019年		记账凭证		摘要	成本项目				生产工时
月	日	字	号		合计	直接材料	直接人工	制造费用	
				…		…		…	
7	31			期末在产品成本	883 510.00	561 795.00	259 690.00	62 025.00	24 750

图 3-23 生产成本（二级）明细账

辅助生产成本 明细账

户名：机修车间　　　　　　　　　　总第___页　分第___页

2019年		记账凭证		摘　要	费用项目					
月	日	字	号		合　计	职工薪酬	折旧费	水电费	其　他	
		…			…			…		

图 3-24　辅助生产成本明细账

（三）2019 年 8 月份发生以下与生产成本有关的经济业务。

【业务 1】

【经济业务内容】生产领用材料。

【情景】2019 年 8 月 31 日，会计人员收到领料单（见图 3-6~图 3-9）。

【要求】

1. 根据领料单编制发料汇总表（见表 3-21）。

2. 根据发料汇总表编制记账凭证（见图 3-25 和图 3-26，假如企业此前记账凭证编号已编至记字 70 号，本案例从记字 71 号编起）。

表 3-21　发料汇总表

编制日期：2019 年 8 月 31 日　　　　　　　　　　金额单位：元

材料编号	品名规格	计量单位	单价	0706 牛仔服		0708 工作服		0801 皮夹克		合计	
				数量	金额	数量	金额	数量	金额	数量	金额
4013	皮革面料	米									
4016	里布	米									
	辅助材料	元									
合计											
备注								附凭证张数			

记账凭证

年 月 日 ______字______号

摘要	总账科目	明细科目	借方金额										√	贷方金额										√
			千	百	十	万	千	百	十	元	角	分		千	百	十	万	千	百	十	元	角	分	
合计																								

附件 张

会计主管： 记账： 复核： 制单：

图 3-25 记账凭证

记账凭证

年 月 日 ______字______号

摘要	总账科目	明细科目	借方金额										√	贷方金额										√
			千	百	十	万	千	百	十	元	角	分		千	百	十	万	千	百	十	元	角	分	
合计																								

附件 张

会计主管： 记账： 复核： 制单：

图 3-26 记账凭证

【业务 2】

【经济业务内容】 分配应付职工薪酬。

【情景】 会计人员根据 2019 年 8 月份应付职工薪酬情况编制的应付职工薪酬汇总表如表 3-12所示。

【要求】

根据应付职工薪酬汇总表编制记账凭证（见图 3-27）。

记账凭证

年　　月　　日　　　　　　　　________字________号

摘要	总账科目	明细科目	借方金额										√	贷方金额										√
			千	百	十	万	千	百	十	元	角	分		千	百	十	万	千	百	十	元	角	分	
合计																								

附件　　张

会计主管：　　　　记账：　　　　复核：　　　　制单：

图 3-27　记账凭证

【业务 3】

【经济业务内容】 预提本月电费。

【情景】 会计人员根据 2019 年 8 月份各部门用电情况编制的电费耗用统计表如表 3-14 所示。

【要求】

根据电费耗用情况统计表编制预提电费的记账凭证（见图 3-28）。

记账凭证

年　　月　　日　　　　　　　　________字________号

摘要	总账科目	明细科目	借方金额										√	贷方金额										√
			千	百	十	万	千	百	十	元	角	分		千	百	十	万	千	百	十	元	角	分	
合计																								

附件　　张

会计主管：　　　　记账：　　　　复核：　　　　制单：

图 3-28　记账凭证

【业务 4】

【经济业务内容】 计提固定资产折旧。

【情景】 会计人员根据 2019 年 8 月份固定资产使用情况及折旧标准编制的固定资产折旧计算表如表 3-16 所示。

【要求】

根据固定资产折旧计算表编制计提固定资产折旧的记账凭证（见图 3-29）。

记 账 凭 证

年　　月　　日　　　　　　字　　　　　号

摘　要	总账科目	明细科目	借方金额										√	贷方金额										√
			千	百	十	万	千	百	十	元	角	分		千	百	十	万	千	百	十	元	角	分	
合　计																								

附件　　张

会计主管：　　　　记账：　　　　复核：　　　　制单：

图 3-29　记账凭证

【业务 5】

【经济业务内容】分配和结转辅助生产成本。

【情景】2019 年 8 月份发生的与辅助生产成本有关的经济业务见【业务 1】~【业务 4】所述。

【要求】

1. 根据记账凭证及其所附的原始凭证登记辅助生产成本明细账（见图 3-24），并结出本月发生额合计。

2. 假如本月机修车间提供修理作业的生产工时共 1 000 工时，其中提供基本生产车间 880 工时、管理部门 120 工时，请按生产工时比例编制辅助生产成本分配表（见表 3-22）。

表 3-22　辅助生产成本分配表

编制日期：2019 年 8 月 31 日　　　　金额单位：元

项　目	生产工时	分　配　率	分配金额
基本生产车间			
管理部门			
合　计			

3. 根据辅助生产成本分配表编制记账凭证（见图 3-30）。

4. 根据记账凭证及其所附的原始凭证登记辅助生产成本明细账（见图 3-24），并按要求结账。

【业务 6】

【经济业务内容】计算和结转完工产品的间接费用。

【情景】2019 年 8 月份发生的与产品生产成本有关的经济业务见【业务 1】~【业务 5】所述；各批产品生产工时定额如表 3-11 所示。

记 账 凭 证

年　　月　　日　　　　　　　　______字______号

摘　要	总账科目	明细科目	借方金额										√	贷方金额										√
			千	百	十	万	千	百	十	元	角	分		千	百	十	万	千	百	十	元	角	分	
合　计																								

附件　　张

会计主管：　　　　记账：　　　　复核：　　　　制单：

图 3-30　记账凭证

【要求】

1. 根据相关记账凭证及其所附的原始凭证登记生产成本（二级）明细账（见图 3-23），结出本月发生额合计和累计发生额，并计算间接费用分配率。
2. 根据完工产品的生产工时定额编制完工产品间接费用分配表（见表 3-23）。
3. 根据完工产品间接费用分配表编制记账凭证（见图 3-31）。

表 3-23　完工产品间接费用分配表

编制日期：2019 年 8 月 31 日　　　　　　　　　　　　金额单位：元

生产批号	产品名称	生产工时	直接人工		制造费用	
			分配率	应分配金额	分配率	应分配金额
0706	牛仔服					
0708	工作服					
合　计						

记 账 凭 证

年　　月　　日　　　　　　　　______字______号

摘　要	总账科目	明细科目	借方金额										√	贷方金额										√
			千	百	十	万	千	百	十	元	角	分		千	百	十	万	千	百	十	元	角	分	
合　计																								

附件　　张

会计主管：　　　　记账：　　　　复核：　　　　制单：

图 3-31　记账凭证

【业务 7】

【经济业务内容】 计算和结转完工产品成本。

【情景】 2019 年 8 月份发生的与产品生产成本有关的经济业务见【业务 1】~【业务 6】所述；2019 年 8 月产品完工情况统计表如表 3-19 所示。

【要求】

1. 根据相关记账凭证及其所附的原始凭证登记各批产品的产品成本计算单（见图 3-20~图 3-22），结出本月发生额合计和累计发生额。
2. 根据完工产品的“产品成本计算单”计算完工产品单位成本。
3. 根据完工产品的“产品成本计算单”编制完工产品成本汇总表（见表 3-24）。
4. 根据完工产品成本汇总表编制记账凭证（见图 3-32）。
5. 根据记账凭证登记生产成本（二级）明细账（见图 3-23），并按要求结账。

表 3-24 完工产品成本汇总表

编制日期：2019 年 8 月 31 日　　　　金额单位：元

生产批号	产品名称	计量单位	数　量	总　成　本				单位成本
				直接材料	直接人工	制造费用	合　计	
0706	牛仔服	套						
0708	工作服	套						
合　计								

记 账 凭 证

年　　月　　日　　　　　　　　字　　　　号

摘　要	总账科目	明细科目	借方金额										√	贷方金额										√
			千	百	十	万	千	百	十	元	角	分		千	百	十	万	千	百	十	元	角	分	
合　计																								

附件　　张

会计主管：　　　　记账：　　　　复核：　　　　制单：

图 3-32 记账凭证

项目四

分步法

一、不定项选择题（下列各小题备选答案中，有一个或两个以上符合题意的正确答案）

1. 分步法按各生产步骤成本结转方式的不同，又分为（　　）。

A. 逐步综合结转分步法

B. 逐步分项结转分步法

C. 逐步结转分步法

D. 平行结转分步法

2. 逐步结转分步法按照结转完工半成品成本的方式和各步骤成本项目构成的内容不同，可分为（　　）。

A. 逐步综合结转分步法

B. 逐步分项结转分步法

C. 逐步结转分步法

D. 平行结转分步法

3. 在逐步综合结转分步法下，一般设置（　　）成本项目。

A. 自制半成品

B. 直接材料

C. 直接人工

D. 制造费用

4. 逐步综合结转分步法与逐步分项结转分步法的区别在于（　　）。

A. 结转方式不同

B. 结转方法不同

C. 需要进行成本还原

D. 结转步骤不同

5. 常用的成本还原方法一般有（　　）。

A. 直接分配法

B. 交互分配法

C. 半成品实际成本结构比例法

D. 半成品定额成本结构比例法

二、判断题（正确的打"√"，错误的打"×"）

1. 分步法主要适用于大量、大批的多步骤生产的产品成本计算。（　　）

2. 逐步结转分步法也称顺序结转分步法，是指按照产品生产加工步骤的先后顺序，逐步计算各步骤的完工半产品成本并结转到下一步骤，直至计算最后步骤产品生产成本的一种方法。（ ）

3. 逐步综合结转分步法是指上一生产步骤的半成品成本转入下一生产步骤时，以“半成品”或“直接材料”综合项目记入下一生产步骤生产成本明细账的一种方法。（ ）

4. 逐步分项结转分步法是指将上一步骤半成品成本按各成本项目的实际金额分别转入下一步骤的相应的成本项目。（ ）

5. 在逐步分项结转分步法下，一般需要进行成本还原。（ ）

6. 平行结转分步法是指各步骤的生产成本不随半成品实物的转移而结转，而是将各生产步骤发生的应计入最终完工产品成本的份额，平行结转到完工产品成本的计算方法。（ ）

7. 平行结转分步法适用于多步骤的复杂生产，并要求提供各步骤半成品成本的产品成本计算。（ ）

三、实务操作题（逐步综合结转分步法）

【企业背景】南华市嘉莉服装有限公司是大批量生产皮夹克的小型企业，为增值税一般纳税人。企业内设裁剪、缝制、平整三个基本生产车间和机修车间（辅助生产车间）。产品生产由三个基本生产车间分步骤生产，根据生产特点采用逐步综合结转分步法进行产品成本核算。2019 年 8 月份相关资料如下。

（一）2019 年 7 月份期末相关成本明细账（简化格式，下同）如图 4-1～图 4-7 所示。

生产成本明细账

成本计算对象 裁剪车间皮夹克半成品　　　　总第 ____ 页分第 ____ 页

2019年		记账凭证		摘要	成本项目					
月	日	字	号		合计	半成品	直接材料	直接人工	制造费用	
				…		…		…		
7	31			期末在产品成本	95 780.00		89 500.00	3 225.00	3 055.00	

图 4-1 生产成本明细账

生产成本明细账

成本计算对象 缝制车间皮夹克半成品　　　　总第 ____ 页分第 ____ 页

2019年		记账凭证		摘　　要	成　本　项　目					
月	日	字	号		合　计	半成品	直接材料	直接人工	制造费用	
				…		…		…		
7	31			期末在产品成本	160 380.00	110 660.00	27 540.00	17 870.00	4 310.00	

图 4-2　生产成本明细账

生产成本明细账

成本计算对象 平整车间皮夹克　　　　总第 ____ 页分第 ____ 页

2019年		记账凭证		摘　　要	成　本　项　目					
月	日	字	号		合　计	半成品	直接材料	直接人工	制造费用	
				…		…		…		
7	31			期末在产品成本	207 810.00	195 600.00	2 400.00	4 200.00	5 610.00	

图 4-3　生产成本明细账

辅助生产成本 明 细 账

户名：机修车间　　　　　　　　　　　　　　　　　　总第_____页分第_____页

2019年		记账凭证		摘　　要	费　用　项　目					
月	日	字	号		合　计	职工薪酬	折旧费	水电费	其　他	
			…			…		…		

图 4-4　辅助生产成本明细账

制造费用 明 细 账

户名：裁剪车间　　　　　　　　　　　　　　　　　　总第_____页分第_____页

2019年		记账凭证		摘　　要	费　用　项　目				
月	日	字	号		合　计	职工薪酬	折旧费	水电费	其　他
			…		…			…	

图 4-5　制造费用明细账

制造费用明细账

户名：缝制车间　　　　总第＿＿页分第＿＿页

2019年		记账凭证		摘　　要	费　用　项　目				
月	日	字	号		合　计	职工薪酬	折旧费	水电费	其　他
			…		…			…	

图 4-6　制造费用明细账

制造费用明细账

户名：平整车间　　　　总第＿＿页分第＿＿页

2019年		记账凭证		摘　　要	费　用　项　目				
月	日	字	号		合　计	职工薪酬	折旧费	水电费	其　他
			…		…			…	

图 4-7　制造费用明细账

（二）2019 年 8 月产品生产情况如表 4-1 所示（成本核算不分规格，按合计数计算）。

表 4-1　2019 年 8 月产品产量统计表

品名	规格	计量单位	裁剪车间				缝制车间				平整车间			
			期初在产品	本月投产	完工	期末在产品	期初在产品	上一步转入	完工	期末在产品	期初在产品	上一步转入	完工	期末在产品
皮夹克	165	件	200	1 000	1 200	0		1 200	1 000	200		1 000	1 000	0
皮夹克	170	件	200	1 200	1 000	400	300	1 000	1 200	100		1 200	1 200	0
皮夹克	175	件	300	1 200	1 500	0		1 500	1 300	200		1 300	900	400
皮夹克	180	件		1 000	800	200	200	800	800	200	200	800	600	400
皮夹克	185	件		800	600	200	200	600	800	0	500	800	900	400
皮夹克	190	件	200	400	600	0	400	600	800	200	500	800	1 100	200
皮夹克	195	件	100	400	500	0		500	500	0		500	500	0
合计			1000	6 000	6 200	800	1 100	6 200	6 400	900	1 200	6 400	6 200	1 400

（三）2019 年 8 月份发生以下与生产成本有关的经济业务。

【业务 1】

【经济业务内容】生产领用材料。

【情景】2019 年 8 月 31 日，会计人员收到领料单（见图 4-8~图 4-14）。

【要求】

1. 根据领料单编制发料汇总表（见表 4-2）。

2. 根据发料汇总表编制记账凭证（见图 4-15 和图 4-16，假如企业此前记账凭证编号已编至记字 70 号，本案例从记字 71 号编起）。

领　料　单

南华市嘉莉服装有限公司 供应专用章

领用部门：缝制车间　　2019 年 8 月 1 日　　No:20190519

制品名称：皮夹克　　制品数量：3 000 件　　制品用途：辅助材料

编号	品名规格	计量单位	单价	请领数量	实发数量	金额
3101	垫肩	对	1.80	3 000	3 000	5 400.00
3201	拉链	米	3.60	1 650	1 650	5 940.00
3213	拉链头	个	2.50	3 000	3 000	7 500.00
3504	牛角纽扣	颗	1.80	18 000	18 000	32 400.00
3502	牛角纽扣	颗	1.00	24 000	24 000	24 000.00
3806	缝纫线	轴	4.20	450	450	1 890.00
附件　张				合计		77 130.00

第三联：财务记账

主管：容海顺　　发料：汪小青　　领料：黎杏花　　制单：蒋亦雄

图 4-8　领料单

领　料　单

2019 年 8 月 10 日　　　　No:20170520

领用部门　平整车间

制品名称　皮夹克　　制品数量　3 000 件　　制品用途　辅助材料

编　号	品名规格	计量单位	单　价	请领数量	实发数量	金　额
4101	包装盒	个	1.80	3 000	3 000	5 400.00
4202	包装袋	个	0.20	3 000	3 000	600.00
附件　　张				合　计		6 000.00

第三联：财务记账

主管：程程　　发料：汪小青　　领料：龚月华　　制单：凌玲

（印章：南华市嘉莉服装有限公司 供应专用章）

图 4-9　领料单

领　料　单

2019 年 8 月 13 日　　　　No:20170521

领用部门　缝制车间

制品名称　皮夹克　　制品数量　2 000 件　　制品用途　辅助材料

编　号	品名规格	计量单位	单　价	请领数量	实发数量	金　额
3101	垫肩	对	1.80	2 000	2 000	3 600.00
3201	拉链	米	3.60	1 100	1 100	3 960.00
3213	拉链头	个	2.50	2 000	2 000	5 000.00
3504	牛角纽扣	颗	1.80	12 000	12 000	21 600.00
3502	牛角纽扣	颗	1.00	16 000	16 000	16 000.00
3806	缝纫线	轴	4.20	300	300	1 260.00
附件　　张				合　计		51 420.00

第三联：财务记账

主管：容海顺　　发料：汪小青　　领料：黎杏花　　制单：蒋亦雄

（印章：南华市嘉莉服装有限公司 供应专用章）

图 4-10　领料单

领 料 单

领用部门 平整车间　　2019 年 8 月 23 日　　No:20170522

制品名称 皮夹克　　制品数量 3 400 件　　制品用途 辅助材料

编号	品名规格	计量单位	单价	请领数量	实发数量	金额
4101	包装盒	个	1.80	3 400	3 400	6 120.00
4202	包装袋	个	0.20	3 400	3 400	680.00
附件　张				合计		6 800.00

第三联：财务记账

主管：程程　　发料：汪小青　　领料：龚月华　　制单：凌玲

（印章：南华市嘉莉服装有限公司 供应专用章）

图 4-11　领料单

领 料 单

领用部门 缝制车间　　2019 年 8 月 26 日　　No:20170523

制品名称 皮夹克　　制品数量 1 200 件　　制品用途 辅助材料

编号	品名规格	计量单位	单价	请领数量	实发数量	金额
3101	垫肩	对	1.80	1 200	1 200	2 160.00
3201	拉链	米	3.60	660	660	2 376.00
3213	拉链头	个	2.50	1 200	1 200	3 000.00
3504	牛角纽扣	颗	1.80	7 200	7 200	12 960.00
3502	牛角纽扣	颗	1.00	9 600	9 538	9 538.00
3806	缝纫线	轴	4.20	180	180	756.00
附件　张				合计		30 790.00

第三联：财务记账

主管：容海顺　　发料：汪小青　　领料：黎杏花　　制单：蒋亦雄

（印章：南华市嘉莉服装有限公司 供应专用章）

图 4-12　限额领料单

限 额 领 料 单

领料车间　裁剪车间　　　　制品名称　皮夹克

用　　途　主要材料　　　　制单日期　2019 年 8 月 1 日

限额资料	材料编号	材料名称	计量单位	计划产量	单位消耗定额	领用限额
	1101	皮革面料	米	6 000	1.8	10 800

	日期 月	日期 日	数 量	单 价	金 额	限额结余	领 料 人	发 料 人
领用记录	8	1	3 600	36	129 600	7 200	姜程	汪小青
	8	12	2 700	36	97 200	4 500	姜程	汪小青
	8	21	2 700	36	97 200	1 800	姜程	汪小青
	8	26	1 800	36	64 800	0	姜程	汪小青

	日期 月	日期 日	数 量	单 价	金 额	限额结余	会 计 员	备 注
汇总记录	8	31	10 800		388 800		令青华	

主管：邹雪晴　　　　复核：柳一清　　　　制单：鲁一平

第二联 会计记账

图 4-13　限额领料单

限 额 领 料 单

领料车间　裁剪车间　　　　制品名称　男夹克

用　　途　主要材料　　　　制单日期　2019 年 8 月 1 日

限额资料	材料编号	材料名称	计量单位	计划产量	单位消耗定额	领用限额
	2101	里布	米	6 000	1.6	9 600

	日期 月	日期 日	数 量	单 价	金 额	限额结余	领 料 人	发 料 人
领用记录	8	1	3 200	15	48 000	6 400	姜程	汪小青
	8	12	2 400	15	36 000	4 000	姜程	汪小青
	8	21	2 400	15	36 000	1 600	姜程	汪小青
	8	26	1 600	15	24 000	0	姜程	汪小青

	日期 月	日期 日	数 量	单 价	金 额	限额结余	会 计 员	备 注
汇总记录	8	31	9 600		144 000	0	令青华	

主管：邹雪晴　　　　复核：柳一清　　　　制单：鲁一平

第二联 会计记账

图 4-14　限额领料单

表 4-2 发料汇总表

编制日期：2019 年 8 月 31 日　　　　　　　　金额单位：元

品名规格	计量单位	单价	裁剪车间		缝制车间		平整车间		合计	
			数量	金额	数量	金额	数量	金额	数量	金额
皮革面料	米									
里布	米									
辅助材料	元									
合计										
备注								附件张数		

记账凭证

年　月　日　　　　＿＿字＿＿号

摘要	总账科目	明细科目	借方金额										√	贷方金额										√
			千	百	十	万	千	百	十	元	角	分		千	百	十	万	千	百	十	元	角	分	
合计																								

附件　张

会计主管：　　　记账：　　　复核：　　　制单：

图 4-15　记账凭证

记账凭证

年　月　日　　　　＿＿字＿＿号

摘要	总账科目	明细科目	借方金额										√	贷方金额										√
			千	百	十	万	千	百	十	元	角	分		千	百	十	万	千	百	十	元	角	分	
合计																								

附件　张

会计主管：　　　记账：　　　复核：　　　制单：

图 4-16　记账凭证

【业务2】

【经济业务内容】分配应付职工薪酬。

【情景】会计人员根据2019年8月份应付职工薪酬情况编制的应付职工薪酬汇总表如表4-3所示。

【要求】

根据应付职工薪酬汇总表编制记账凭证（见图4-17和图4-18）。

表4-3　应付职工薪酬汇总表

编制日期：2019年8月31日　　　　金额单位：元

部门		应付工资	单位缴纳的社会保险费	单位缴纳的住房公积金	职工福利费	工会经费	职工教育经费	合计
裁剪车间	生产工人	21 000.00	6 300.00	2 100.00	2 940.00	420.00	315.00	33 075.00
	管理人员	8 200.00	2 460.00	820.00	1 148.00	164.00	123.00	12 915.00
缝制车间	生产工人	120 000.00	36 000.00	12 000.00	16 800.00	2 400.00	1 800.00	189 000.00
	管理人员	16 000.00	4 800.00	1 600.00	2 240.00	320.00	240.00	25 200.00
平整车间	生产工人	28 000.00	8 400.00	2 800.00	3 920.00	560.00	420.00	44 100.00
	管理人员	8 000.00	2 400.00	800.00	1 120.00	160.00	120.00	12 600.00
机修车间		9 800.00	2 940.00	980.00	1 372.00	196.00	147.00	15 435.00
行政管理人员		52 000.00	15 600.00	5 200.00	7 280.00	1 040.00	780.00	81 900.00
合计		263 000.00	78 900.00	26 300.00	36 820.00	5 260.00	3 945.00	414 225.00

记账凭证

年　　月　　日　　　　　　　　　　　　字　　　　号

摘要	总账科目	明细科目	借方金额										√	贷方金额										√
			千	百	十	万	千	百	十	元	角	分		千	百	十	万	千	百	十	元	角	分	
合计																								

附件　　张

会计主管：　　　　记账：　　　　复核：　　　　制单：

图4-17　记账凭证

记 账 凭 证

年　月　日　　　　　　　　字　　　　号

摘　要	总账科目	明细科目	借方金额										√	贷方金额										√
			千	百	十	万	千	百	十	元	角	分		千	百	十	万	千	百	十	元	角	分	
合　计																								

附件　　张

会计主管：　　　　记账：　　　　复核：　　　　制单：

图 4-18　记账凭证

【业务 3】

【经济业务内容】 预提本月电费。

【情景】 会计人员根据 2019 年 8 月份各部门用电情况编制的电费耗用统计表如表 4-4 所示。

表 4-4　电费耗用统计表

编制日期：2019 年 8 月 31 日　　　　金额单位：元

部　门		计量单位	数　量	单　价	金　额
裁剪车间	直接产品生产耗用	千瓦·时	5 600	0.50	2 800.00
	车间一般耗用	千瓦·时	600	0.50	300.00
缝制车间	直接产品生产耗用	千瓦·时	3 800	0.50	1 900.00
	车间一般耗用	千瓦·时	1 200	0.50	600.00
平整车间	直接产品生产耗用	千瓦·时	3 200	0.50	1 600.00
	车间一般耗用	千瓦·时	400	0.50	200.00
机修车间耗用		千瓦·时	1 330	0.50	665.00
行政管理部门耗用		千瓦·时	1 800	0.50	900.00
合　计			18 200		8 965.00

【要求】

根据电费耗用情况统计表编制预提电费的记账凭证（见图 4-19 和图 4-20）。

记 账 凭 证

年　　月　　日　　　　　　字　　　　　号

摘　　要	总账科目	明细科目	借方金额										√	贷方金额										√
			千	百	十	万	千	百	十	元	角	分		千	百	十	万	千	百	十	元	角	分	
合　　计																								

附件　　张

会计主管：　　　　记账：　　　　复核：　　　　制单：

图 4-19　记账凭证

记 账 凭 证

年　　月　　日　　　　　　字　　　　　号

摘　　要	总账科目	明细科目	借方金额										√	贷方金额										√
			千	百	十	万	千	百	十	元	角	分		千	百	十	万	千	百	十	元	角	分	
合　　计																								

附件　　张

会计主管：　　　　记账：　　　　复核：　　　　制单：

图 4-20　记账凭证

【业务 4】

【经济业务内容】 计提固定资产折旧。

【情景】 会计人员根据 8 月份固定资产使用情况及折旧标准编制的固定资产折旧计算表如表 4-5 所示。

【要求】

根据固定资产折旧计算表编制计提固定资产折旧的记账凭证（见图 4-21 和图 4-22）。

表 4-5　固定资产折旧计算表

编制日期：2019 年 8 月 31 日　　　　　　金额单位：元

使用部门	固定资产类别	原始价值	月综合折旧率	合计金额
裁剪车间	厂房	300 000	0.45%	1 350.00
	设备	1 200 000	1.25%	15 000.00
	小　计	1 500 000		16 350.00
缝制车间	厂房	500 000	0.45%	2 250.00
	设备	260 000	1.25%	3 250.00
	小　计	760 000		5 500.00
平整车间	厂房	200 000	0.45%	900.00
	设备	800 000	1.25%	10 000.00
	小　计	1 000 000		10 900.00
机修车间	厂房	200 000	0.45%	900.00
	设备	400 000	1.25%	5 000.00
	小　计	600 000		5 900.00
管理部门	房屋及建筑物	800 000	0.45%	3 600.00
	交通工具	250 000	1.00%	2 500.00
	小　计	1 050 000		6 100.00
合　计		4 910 000		44 750.00

记 账 凭 证

年　　月　　日　　　　＿＿＿字＿＿＿号

摘　要	总账科目	明细科目	借方金额										√	贷方金额										√
			千	百	十	万	千	百	十	元	角	分		千	百	十	万	千	百	十	元	角	分	
合　计																								

附件　张

会计主管：　　　　记账：　　　　复核：　　　　制单：

图 4-21　记账凭证

记 账 凭 证

年　　月　　日　　　　　　　　＿＿＿＿字＿＿＿＿号

摘要	总账科目	明细科目	借方金额										√	贷方金额										√
			千	百	十	万	千	百	十	元	角	分		千	百	十	万	千	百	十	元	角	分	
合计																								

附件　　张

会计主管：　　　　记账：　　　　复核：　　　　制单：

图 4-22　记账凭证

【业务 5】

【经济业务内容】分配和结转辅助生产成本。

【情景】2019 年 8 月份发生的与辅助生产成本有关的经济业务见【业务 1】~【业务 4】所述；辅助生产车间维修工时情况如表 4-6 所示。

表 4-6　机修车间维修工时情况统计表

编制日期：2019 年 8 月 31 日

辅助生产车间	接受劳务部门	计量单位	生产工时
机修车间	裁剪车间	工时	250
机修车间	缝制车间	工时	350
机修车间	平整车间	工时	320
机修车间	管理部门	工时	80
合　计			1 000

【要求】

1. 根据记账凭证及其所附的原始凭证登记辅助生产成本明细账（见图 4-4），并结出本月发生额合计。

2. 按照维修工时比例编制辅助生产费用分配表（见表 4-7）。

表 4-7　辅助生产费用分配表

编制日期：2019 年 8 月 31 日　　　　金额单位：元

项　目	生产工时	分 配 率	分配金额
裁剪车间			
缝制车间			
平整车间			
管理部门			
合　计			

3. 根据辅助生产成本分配表编制记账凭证（见图 4-23）。

4. 根据记账凭证及其所附的原始凭证登记辅助生产成本明细账（见图 4-4），并按要求结账。

记 账 凭 证

年 月 日 ______字______号

摘　要	总账科目	明细科目	借方金额										√	贷方金额										√
			千	百	十	万	千	百	十	元	角	分		千	百	十	万	千	百	十	元	角	分	
合　计																								

附件　张

会计主管：　　　　记账：　　　　复核：　　　　制单：

图 4-23　记账凭证

【业务 6】

【经济业务内容】 分配和结转制造费用。

【情景】 2019 年 8 月份发生的与制造费用有关的经济业务见【业务 1】~【业务 5】所述。

【要求】

1. 根据记账凭证及其所附的原始凭证登记制造费用明细账（见图 4-5~图 4-7），并结出本月发生额合计。

2. 编制制造费用分配表（见表 4-8）。

表 4-8　制造费用分配表

编制日期：2019 年 8 月 31 日　　　　金额单位：元

生产车间	金　额	备　注
裁剪车间		
缝制车间		
平整车间		
合　计		

3. 根据制造费用分配表编制记账凭证（见图 4-24 和图 4-25）。

4. 根据记账凭证及其所附的原始凭证登记制造费用明细账（见图 4-5~图 4-7），并按要求结账。

记账凭证

年　　月　　日　　　　＿＿＿＿字＿＿＿＿号

摘　要	总账科目	明细科目	借方金额										√	贷方金额										√
			千	百	十	万	千	百	十	元	角	分		千	百	十	万	千	百	十	元	角	分	
合　计																								

附件　张

会计主管：　　　　记账：　　　　复核：　　　　制单：

图 4-24　记账凭证

记账凭证

年　　月　　日　　　　＿＿＿＿字＿＿＿＿号

摘　要	总账科目	明细科目	借方金额										√	贷方金额										√
			千	百	十	万	千	百	十	元	角	分		千	百	十	万	千	百	十	元	角	分	
合　计																								

附件　张

会计主管：　　　　记账：　　　　复核：　　　　制单：

图 4-25　记账凭证

【业务 7】

【经济业务内容】计算和结转裁剪车间完工半成品成本。

【情景】2019 年 8 月份发生的与成品生产成本有关的经济业务见【业务 1】~【业务 6】所述；2019 年 8 月份产品产量情况如表 4-1 所示（期末在产品按约当产量法折合约当产量，其中直接材料完工程度为 100%；直接人工、制造费用完工程度为 50%，下同）。

【要求】

1. 根据记账凭证及其所附的原始凭证登记裁剪车间半成品的生产成本明细账（见图 4-1），结出本月发生额和累计发生额。

2. 编制裁剪车间的产品（半成品）成本计算表如表 4-9 所示。

3. 根据产品（半成品）成本计算表编制裁剪车间完工半成品成本结转汇总表（见表 4-10）。

4. 根据裁剪车间完工半产品成本结转汇总表编制记账凭证（见图 4-26）。

5. 根据记账凭证及其所附的原始凭证登记裁剪车间生产成本明细账（见图 4-1），并按要求结账。

表 4-9 产品（半成品）成本计算表

生产车间：裁剪车间　　　　2019 年 8 月 31 日　　　　金额单位：元

项　目	自制半成品	直接材料	直接人工	制造费用	合　计
期初在产品成本					
本期生产成本					
生产成本合计					
本期完工产品产量					
期末在产品产量					
在产品约当产量					
约当总产量					
单位成本					
完工产品成本					
期末在产品成本					

表 4-10 完工半成品成本结转汇总表

生产车间：裁剪车间

领用车间：缝制车间　　　　编制日期：2019 年 8 月 31 日

产品名称	计量单位	成本项目	数　量	单位成本	总 成 本
皮夹克半成品	件	直接材料			
皮夹克半成品	件	直接人工			
皮夹克半成品	件	制造费用			
合　计					

记 账 凭 证

年　　月　　日　　　　　　字　　　　号

摘　要	总账科目	明细科目	借方金额										√	贷方金额										√
			千	百	十	万	千	百	十	元	角	分		千	百	十	万	千	百	十	元	角	分	
合　计																								

附件　　张

会计主管：　　　　记账：　　　　复核：　　　　制单：

图 4-26 记账凭证

【业务 8】

【经济业务内容】计算和结转缝制车间完工半成品成本。

【情景】2019 年 8 月份发生的与成品生产成本有关的经济业务见【业务 1】~【业务 7】所述；2019 年 8 月产品产量情况如表 4-1 所示。

【要求】

1. 根据记账凭证及其所附的原始凭证登记缝制车间半成品的生产成本明细账（见图 4-2），结出本月发生额和累计发生额。

2. 编制缝制车间的产品（半成品）成本计算表（见表 4-11）。

表 4-11　产品（半成品）成本计算表

生产车间：缝制车间　　　　2019 年 8 月 31 日　　　　金额单位：元

项　　目	自制半成品	直接材料	直接人工	制造费用	合　　计
期初在产品成本					
本期生产成本					
生产成本合计					
本期完工产品产量					
期末在产品产量					
在产品约当产量					
约当总产量					
单位成本					
完工产品成本					
期末在产品成本					

3. 根据产品（半成品）成本计算表编制缝制车间完工半成品成本结转汇总表（见表 4-12）。

表 4-12　完工半成品成本结转汇总表

生产车间：缝制车间

领用车间：平整车间　　　　编制日期：2019 年 8 月 31 日

产品名称	计量单位	成本项目	数　　量	单位成本	总 成 本
皮夹克半成品	件	自制半成品			
皮夹克半成品	件	直接材料			
皮夹克半成品	件	直接人工			
皮夹克半成品	件	制造费用			
合　　计					

4. 根据缝制车间完工半产品成本结转汇总表编制记账凭证（见图 4-27）。

5. 根据记账凭证及其所附的原始凭证登记缝制车间生产成本明细账（见图 4-2），并按要求结账。

记 账 凭 证

年 月 日 ______字______号

摘 要	总账科目	明细科目	借方金额										√	贷方金额										√
			千	百	十	万	千	百	十	元	角	分		千	百	十	万	千	百	十	元	角	分	
合 计																								

附件 张

会计主管： 记账： 复核： 制单：

图 4-27 记账凭证

【业务 9】

【经济业务内容】计算和结转完工成品成本。

【情景】8 月份发生的与产品生产成本有关的经济业务见【业务 1】~【业务 8】所述；8 月份产品产量情况如表 4-1 所示。

【要求】

1. 根据记账凭证及其所附的原始凭证登记平整车间产品的生产成本明细账（见图 4-3），结出本月发生额和累计发生额。

2. 编制平整车间的产品成本计算表（见表 4-13）。

表 4-13 产品成本计算表

生产车间：平整车间 2019 年 8 月 31 日 金额单位：元

项 目	自制半成品	直接材料	直接人工	制造费用	合 计
期初在产品成本					
本期生产成本					
生产成本合计					
本期完工产品产量					
期末在产品产量					
在产品约当产量					
约当总产量					
单位成本					
完工产品成本					
期末在产品成本					

3. 根据产品成本计算表编制完工产品成本汇总表（见表 4-14）。

4. 根据完工产品成本汇总表编制记账凭证（见图 4-28）。

表 4-14　完工产品成本汇总表

生产车间：　平整车间

领用车间：　成品库　　　　　　　　　　　　　　　　　　　　编制日期　2019 年 8 月 31 日

产品名称	计量单位	成本项目	数　量	单位成本	总 成 本
皮夹克	件	自制半成品			
皮夹克	件	直接材料			
皮夹克	件	直接人工			
皮夹克	件	制造费用			
合　计					

记 账 凭 证

年　　月　　日　　　　　　　　　　　　　　字＿＿＿＿＿号

摘　要	总账科目	明细科目	借方金额										√	贷方金额										√
			千	百	十	万	千	百	十	元	角	分		千	百	十	万	千	百	十	元	角	分	
合　计																								

附件　　张

会计主管：　　　　记账：　　　　复核：　　　　制单：

图 4-28　记账凭证

5. 根据记账凭证及其所附的原始凭证登记平整车间生产成本明细账（见图 4-3），并按要求结账。

【业务 10】

【经济业务内容】成本还原。

【情景】2019 年 8 月份各生产步骤产品（半成品）成本计算表如表 4-9、表 4-11 和表 4-13所示。

【要求】

按半成品实际成本结构比例法编制产品成本还原计算表（见表 4-15）。

表 4-15 产品成本还原计算表

产品名称：羊绒男夹克　　　　金额单位：元

成本项目	平整车间	缝制车间			裁剪车间			还原后完工产品成本		
	还原前的产品成本	还原前的半成品成本	成本结构	平整车间自制半成品还原后的成本	还原前的半成品成本	成本结构	缝制车间自制半成品还原后的成本	总成本	完工产品产量	单位成本
自制半成品										
直接材料										
直接人工										
制造费用										
合　计										

四、实务操作题（逐步分项结转分步法）

【企业背景】仍以南华市嘉莉服装有限公司的背景和2019年8月份经济业务为例，假如采用逐步分项结转分步法进行产品成本核算。2019年8月份相关资料如下。

（一）2019年7月份期末各步骤生产成本明细账如图4-29～图4-31所示；辅助生产成本明细账如图4-4所示；制造费用明细账如图4-5～图4-7所示。

生 产 成 本 明 细 账

成本计算对象：裁剪车间皮夹克半成品　　　　总第＿＿页 分第＿＿页

2019年 月	日	记账凭证 字	号	摘要	合计	直接材料 转入半成品	直接材料 本步骤费用	直接人工 转入半成品	直接人工 本步骤费用	制造费用 转入半成品	制造费用 本步骤费用	
				…			…			…		
7	31			期末在产品成本	95 080.00		88 800.00		3 225.00		3 055.00	

图 4-29 生产成本明细账

生产成本明细账

成本计算对象：缝制车间皮夹克半成品　　　　总第＿＿页 分第＿＿页

2019年		记账凭证		摘要	合计	直接材料		直接人工		制造费用		
月	日	字	号			转入半成品	本步骤费用	转入半成品	本步骤费用	转入半成品	本步骤费用	
				…			…			…		
7	31			期末在产品成本	161 000.00	98 045.00	27 540.00	6 196.00	17 870.00	7 039.00	4 310.00	

图 4-30　生产成本明细账

生产成本明细账

成本计算对象：平整车间皮夹克　　　　总第＿＿页 分第＿＿页

2019年		记账凭证		摘要	合计	直接材料		直接人工		制造费用		
月	日	字	号			转入半成品	本步骤费用	转入半成品	本步骤费用	转入半成品	本步骤费用	
				…			…			…		
7	31			期末在产品成本	204 010.00	134 680.00	2 400.00	41 952.00	4 200.00	15 168.00	5 610.00	

图 4-31　生产成本明细账

（二）2019年8月份产品生产情况如表4-1所示。

（三）2019年8月份发生以下与生产成本有关的经济业务。

【业务1】~【业务6】

【经济业务内容】仍然以“三、逐步综合结转分步法实务操作题”的【业务1】~【业务6】经济业务内容及其账务处理为例。

【业务7】

【经济业务内容】计算和结转裁剪车间完工半成品成本。

【情景】8月份发生的与裁剪车间半成品成本有关的经济业务见【业务1】~【业务6】所述。

【要求】

1. 根据记账凭证及其所附的原始凭证登记裁剪车间半成品的生产成本明细账（见图4-29），结出本月发生额和累计发生额。

2. 编制裁剪车间的产品（半成品）成本计算表（见表4-16）。

3. 根据产品（半成品）成本计算表编制裁剪车间完工半成品成本结转汇总表（见表4-17）。

4. 根据裁剪车间完工半产品成本结转汇总表编制记账凭证（见图4-32）。

5. 根据记账凭证及其所附的原始凭证登记裁剪车间生产成本明细账（见图4-29），并按要求结账。

表4-16 产品（半成品）成本计算表

产品名称：羊绒男夹克半成品

生产车间：裁剪车间　　编制日期：2019年8月31日　　金额单位：元

项　　目	直接材料		直接人工		制造费用		合　　计
	转入半成品	本步骤费用	转入半成品	本步骤费用	转入半成品	本步骤费用	
期初在产品成本							
本期生产成本							
生产成本合计							
本期完工产品产量							
期末在产品产量							
在产品约当产量							
约当总产量							
单位成本							
完工产品成本							
期末在产品成本							

表 4-17　完工半成品成本结转汇总表

生产车间：裁剪车间

转入部门：缝制车间　　　　编制日期：2019 年 8 月 31 日　　　　金额单位：元

产品名称	计量单位	成本项目	完工数量	单位成本			总成本		
				转入半成品	本步骤费用	小计	转入半成品	本步骤费用	小计
皮夹克半成品	件	直接材料							
皮夹克半成品	件	直接人工							
皮夹克半成品	件	制造费用							
合计									

记账凭证

年　月　日　　　　＿＿字＿＿号

摘要	总账科目	明细科目	借方金额 千	百	十	万	千	百	十	元	角	分	√	贷方金额 千	百	十	万	千	百	十	元	角	分	√
合计																								

附件　张

会计主管：　　记账：　　复核：　　制单：

图 4-32　记账凭证

【业务 8】

【经济业务内容】计算和结转缝制车间完工半成品成本。

【情景】8 月份发生的与产品成本有关的经济业务见【业务 1】～【业务 7】所述。

【要求】

1. 根据记账凭证及其所附的原始凭证登记缝制车间半成品的生产成本明细账（见图 4-30），结出本月发生额和累计发生额。

2. 编制缝制车间的产品（半成品）成本计算表（见表 4-18）。

3. 根据产品（半成品）成本计算表编制缝制车间完工半成品成本结转汇总表（见表 4-19）。

4. 根据缝制车间完工半产品成本结转汇总表编制记账凭证（见图 4-33）。

5. 根据记账凭证及其所附的原始凭证登记缝制车间生产成本明细账（见图 4-30），并按要求结账。

表 4-18　产品（半成品）成本计算表

产品名称：皮夹克半成品

生产车间：缝制车间　　编制日期：2019 年 8 月 31 日　　金额单位：元

项　目	直接材料		直接人工		制造费用		合　计
	转入半成品	本步骤费用	转入半成品	本步骤费用	转入半成品	本步骤费用	
期初在产品成本							
本期生产成本							
生产成本合计							
本期完工产品产量							
期末在产品产量							
完工程度							
在产品约当产量							
约当总产量							
单位成本							
完工产品成本							
期末在产品成本							

表 4-19　完工半成品成本结转汇总表

生产车间：缝制车间

转入部门：平整车间　　编制日期：2019 年 8 月 31 日　　金额单位：元

产品名称	计量单位	成本项目	完工数量	单位成本			总 成 本		
				转入半成品	本步骤费用	小 计	转入半成品	本步骤费用	小 计
皮夹克半成品	件	直接材料							
皮夹克半成品	件	直接人工							
皮夹克半成品	件	制造费用							
合　计									

记 账 凭 证

年　月　日　　______字______号

摘　要	总账科目	明细科目	借方金额										√	贷方金额										√
			千	百	十	万	千	百	十	元	角	分		千	百	十	万	千	百	十	元	角	分	
合　计																								

附件　张

会计主管：　　记账：　　复核：　　制单：

图 4-33　记账凭证

【业务 9】

【经济业务内容】计算和结转完工成品成本。

【情景】8 月份发生的与产品成本有关的经济业务见【业务 1】~【业务 8】所述。

【要求】

1. 根据记账凭证及其所附的原始凭证登记平整车间产品的生产成本明细账（见图 4-31），结出本月发生额和累计发生额。

2. 编制平整车间的产品成本计算表，如表 4-20 所示。

表 4-20　产品成本计算表

产品名称：羊绒男夹克

生产车间：平整车间　　　　编制日期：2019 年 8 月 31 日　　　　金额单位：元

项　　目	直接材料		直接人工		制造费用		合　计
	转入半成品	本步骤费用	转入半成品	本步骤费用	转入半成品	本步骤费用	
期初在产品成本							
本期生产成本							
生产成本合计							
本期完工产品产量							
期末在产品产量							
在产品约当产量							
约当总产量							
单位成本							
完工产品成本							
期末在产品成本							

3. 根据产品成本计算表编制完工产品成本汇总表（见表 4-21）。

4. 根据完工产品成本汇总表编制记账凭证（见图 4-34）。

5. 根据记账凭证及其所附的原始凭证登记平整车间生产成本明细账（见图 4-31），并按要求结账。

表 4-21　完工产品成本汇总表

生产车间：平整车间

转入部门：成品库　　　　编制日期：2019 年 8 月 31 日　　　　金额单位：元

产品名称	计量单位	成本项目	完工数量	单位成本			总 成 本		
				转入半成品	本步骤费用	小　计	转入半成品	本步骤费用	小　计
皮夹克	件	直接材料							
皮夹克	件	直接人工							
皮夹克	件	制造费用							
合　　计									

记账凭证

年　月　日　　　　　　＿＿＿字＿＿＿号

摘要	总账科目	明细科目	借方金额										√	贷方金额										√
			千	百	十	万	千	百	十	元	角	分		千	百	十	万	千	百	十	元	角	分	
合计																								

附件　张

会计主管：　　　　记账：　　　　复核：　　　　制单：

图 4-34　记账凭证

五、实务操作题（平行结转分步法）

【企业背景】仍以南华市嘉莉服装有限公司的背景和2019年8月份经济业务为例，假如采用平行结转分步法进行产品成本核算。2019年8月份相关资料如下。

（一）2019年7月份期末各步骤生产成本明细账如图4-35~图4-37所示；辅助生产成本明细账如图4-4所示；制造费用明细账如图4-5~图4-7所示。

生产成本明细账

产品名称　皮夹克　　　生产车间　裁剪车间　　　总第＿＿页　分第＿＿页

2019年		记账凭证		摘要	合计				
月	日	字	号			直接材料	直接人工	制造费用	
				…		…		…	
7	31			期末在产品成本	326 230.00	293 040.00	15 875.00	17 315.00	

图 4-35　生产成本明细账

生产成本明细账

产品名称 皮夹克　　生产车间 缝制车间　　总第＿＿页 分第＿＿页

2019年		记账凭证		摘要	合计				
月	日	字	号			直接材料	直接人工	制造费用	
				…		…		…	
7	31			期末在产品成本	125 405.00	58 260.00	54 110.00	13 035.00	

图 4-36　生产成本明细账

生产成本明细账

产品名称 皮夹克　　生产车间 平整车间　　总第＿＿页 分第＿＿页

2019年		记账凭证		摘要	合计				
月	日	字	号			直接材料	直接人工	制造费用	
				…		…		…	
7	31			期末在产品成本	15 660.00	2 400.00	7 650.00	5 610.00	

图 4-37　生产成本明细账

（二）2019 年 8 月份产品生产情况如表 4-1 所示。

（三）2019 年 8 月份发生以下与生产成本有关的经济业务。

【业务 1】~【业务 6】

【经济业务内容】仍然以“三、逐步综合结转分步法实务操作题”的【业务 1】~【业务 6】经济业务内容及其账务处理为例。

【业务 7】

【经济业务内容】计算和结转完工产品成本。

【情景】8 月份发生的与产品成本有关的经济业务见【业务 1】~【业务 6】所述。

【要求】

1. 根据记账凭证及其所附的原始凭证登记各步骤的生产成本明细账（见图 4-35~图 4-37），结出本月发生额和累计发生额。

2. 计算编制各步骤生产成本分配表（见表 4-22~表 4-24）。

表 4-22 生产成本分配计算表

产品名称：皮夹克

生产车间：裁剪车间　　2019 年 8 月 31 日　　金额单位：元

项　　目	直接材料	直接人工	制造费用	合　　计
期初在产品成本				
本期生产成本				
生产成本合计				
本期完工产品产量				
本步骤期末在产品产量				
本步骤在其他步骤在产品产量				
广义在产品约当产量				
约当总产量				
分配率				
应计入完工产品成本				
期末在产品成本				

表 4-23　生产成本分配计算表

产品名称：皮夹克

生产车间：缝制车间　　　　2019 年 8 月 31 日　　　　金额单位：元

项　　目	直接材料	直接人工	制造费用	合　　计
期初在产品成本				
本期生产成本				
生产成本合计				
本期完工产品产量				
本步骤期末在产品产量				
本步骤在其他步骤在产品产量				
广义在产品约当产量				
约当总产量				
单位成本				
应计入完工产品成本				
期末在产品成本				

表 4-24　生产成本分配计算表

产品名称：皮夹克

生产车间：平整车间　　　　2019 年 8 月 31 日　　　　金额单位：元

项　　目	直接材料	直接人工	制造费用	合　　计
期初在产品成本				
本期生产成本				
生产成本合计				
本期完工产品产量				
本步骤期末在产品产量				
本步骤在其他步骤在产品产量				
在产品约当产量				
约当总产量				
单位成本				
应计入完工产品成本				
期末在产品成本				

3. 编制完工产品成本汇总计算表（见表 4-25）。

表 4-25　产品成本汇总计算表

产品名称：皮夹克　　　　　　　　2019 年 8 月 31 日　　　　　　　　金额单位：元

项　目	直接材料	直接人工	制造费用	合　计
裁剪车间转入				
缝制车间转入				
平整车间转入				
完工产品总成本				
本期完工产品产量				
单位成本				

4. 编制结转完工产品成本的记账凭证（见图 4-38）。

记 账 凭 证

年　　月　　日　　　　　　字　　　　　号

摘　要	总账科目	明细科目	借方金额										√	贷方金额										√
			千	百	十	万	千	百	十	元	角	分		千	百	十	万	千	百	十	元	角	分	
合　计																								

附件　　张

会计主管：　　　　记账：　　　　复核：　　　　制单：

图 4-38　记账凭证

5. 根据记账凭证及其所附的原始凭证登记各步骤的生产成本明细账（见图 4-35～图 4-37），并按要求结账。

反侵权盗版声明

举报电话：（010）88254396；（010）88258888
传　　真：（010）88254397
E-mail：　dbqq@phei.com.cn
通信地址：北京市海淀区万寿路 173 信箱
　　　　　电子工业出版社总编办公室
邮　　编：100036